Die Entstehung einer modernen Armee und ihre Einsätze im Feld

Eine Studie, die auf den Erfahrungen von drei Jahren an der französischen Front (1914-1917) basiert.

René Radiguet

Writat

Diese Ausgabe erschien im Jahr 2023

ISBN: 9789359251264

Herausgegeben von
Writat
E-Mail: info@writat.com

Inhalt

VORWORT

VERSCHIEDENE Missionen, die von den alliierten Armeen in die Vereinigten Staaten entsandt wurden, stellen ihre praktischen Erfahrungen nun der amerikanischen Armee zur Verfügung. Diese Missionen vermitteln den Offizieren aller Waffengattungen das Wissen über die Details, die sie sich aneignen müssen.

Der Zweck dieses Buches besteht darin, den amerikanischen Offizieren, aber auch den Zivilisten, die sich für Kriegsangelegenheiten interessieren, zu zeigen, wie eine große Armee an der europäischen Front im letzten Viertel des Jahres 1917 zusammengesetzt ist.

Im Rahmen allgemeiner Betrachtungen haben wir erläutert, was unter den Worten „Strategie und Taktik" zu verstehen ist; wir haben jene Binnenlinien beschrieben, die für Deutschland von so großer Hilfe waren; Wir haben uns mit der Zusammensetzung der großen Einheiten einer Armee und insbesondere mit der einer Division als Kampfeinheit befasst.

Als nächstes haben wir die Frage des Kommandos untersucht und versucht, seine Aufgaben sowie die der Stäbe zu definieren.

Anschließend haben wir besondere Kapitel dem Studium der Luftfahrt, der Feldbefestigungen, der Artillerie, der Munitionsversorgung und der Infanterie gewidmet.

Es ist kein Zufall, dass wir die verschiedenen Themen in dieser Reihenfolge angeordnet haben. Es erleichtert das Verständnis des letzten Kapitels, in dem wir anhand von Beispielen beschreiben, wie ein Angriff vorbereitet werden soll und mit welchen Mitteln sein Erfolg sichergestellt werden kann.

Wir hielten es für angebracht, mit einigen Bemerkungen zu den schändlichen Mitteln der deutschen Kriegsführung zu schließen: Sie haben bei wichtigen Operationen eine zu große Rolle gespielt, um nicht erwähnt zu werden.

Unsere Leser werden den Grund verstehen, warum wir in bestimmten Fällen lediglich auf mögliche bevorstehende Verbesserungen einiger Teile der Bewaffnung hingewiesen haben, ohne auf Einzelheiten einzugehen, die nicht ohne Gefahr dargelegt werden könnten.

Die wenigen Beispiele, die wir nennen, wurden mit Bedacht ausgewählt. Entweder haben wir persönlich daran mitgewirkt oder sie wurden uns von Beamten zur Verfügung gestellt, denen wir bedingungslos vertrauen.

Die Lektüre dieses Buches wird diejenigen, die Söhne in den europäischen Armeen haben, in die Lage versetzen, sie intelligenter durch die Operationen zu begleiten, an denen sie bald teilnehmen werden, denn wir sind in der Lage festzustellen, dass die Regierung der Vereinigten Staaten für die Bildung von … verantwortlich ist Die amerikanische Armee übernahm die Zahlen, über die Frankreich aufgrund seiner Erfahrung entscheiden sollte. Folglich gilt das, was wir über die französischen und sogar die britischen Streitkräfte sagen, auch für die amerikanischen Armeen.

Die Entstehung einer modernen Armee

ES wurde oft gesagt, dass die Deutschen nach der Schlacht an der Marne praktisch geschlagen waren. Die Leistungen der deutschen Armeen seit diesem Tag auf so zahlreichen und unterschiedlichen Gebieten und die Stärke, die sie so oft bewiesen haben, hindern uns, dieser Meinung zuzustimmen.

Wir glauben, dass ihre Niederlage auf die Anhäufung ihrer Fehler zurückzuführen sein wird.

Im September 1914 war ihre zahlenmäßige und bewaffnete Überlegenheit beträchtlich. Ihre Armeen hielten in Frankreich Stellungen, die es ihnen nach einer raschen Umstrukturierung ermöglichten, eine neue und energische Offensive gegen die französische Armee zu starten, die zu dieser Zeit ihr einziger Gegner im Westen war.

Der unvorstellbare Stolz der deutschen Militärpartei hatte sie dazu ermutigt, den Feind zu verachten und blindlings den gewaltigen Vorstoß durch Belgien zur Eroberung von Paris zu unternehmen. Dieser Traum verschwand unter den Schlägen von General Joffre und seinen wunderbar reaktionsschnellen Armeen.

Erstens ihr Hass auf England und zweitens ihr Eroberungsdrang waren im Begriff, Deutschland dazu zu bringen, schwere Fehler zu begehen und den Preis zu verlieren, indem es an seinem Schatten festhielt.

Um die Mobilisierung der britischen Armeen zu verhindern, schickte der Kaiser, nachdem er seine Streitkräfte an der französischen Front verschanzt hatte, alle Truppen, über die er verfügen konnte, gegen Calais. Er war sich des Erfolgs so sicher, dass er die Operationen persönlich verfolgte und bereit war, als Eroberer in die Stadt einzuziehen, die er erobern wollte. Er hatte sich zwei Monate zuvor in Nancy genauso verhalten; und da dieser Versuch gescheitert war, sehnte er sich nach Rache.

Die französischen, britischen und belgischen Armeen sorgten dafür, dass seine ersehnte Rache in eine erbärmliche Niederlage verwandelte.

Damals beging die deutsche Führung den Fehler, der dazu führen würde, dass Deutschland den Krieg verlieren würde.

Die Deutschen verließen die Westfront und gaben den französischen und britischen Armeen Zeit, sich neu zu organisieren, zu bewaffnen und

Kräfte zu sammeln. Nachdem sie alle Hoffnung verloren hatten, die erträumten Siege im Westen zu erringen, warfen sie ihre Legionen auf Russland, von dem sie wussten, dass es so war unzureichend vorbereitet und begannen den Feldzug, der zur Eroberung Polens und der baltischen Provinzen sowie zur Rückeroberung Galiziens führen sollte.

Die Folgen der Annahme dieses neuen Plans waren sofort ersichtlich.

Zu Beginn des Sommers 1915 begannen die Franzosen und Briten im Artois mit Schlägen, die bewiesen, dass das stärkste System von Feldbefestigungen eingenommen werden kann.

Im September 1915 fügte General Pétain den Deutschen in der Champagne eine schreckliche Niederlage zu. Diese Operation, die gleichzeitig mit einer im Artois durchgeführt wurde, kostete ihnen dreißigtausend Gefangene, einhundertfünfzig Kanonen, schwere Verluste und – was noch wichtiger ist – zwang sie, hochgeschätzte und stark befestigte Stellungen aufzugeben.

Nachdem der deutsche Generalstab Anfang 1916 sein Programm in Russland erfüllt hatte, beschloss er, die Westfront zu beenden und griff Verdun mit so gewaltigen Artillerie- und Infanteriekräften an, wie sie noch nie zuvor gekannt worden waren.

Überall in Deutschland wurde verkündet, dass der Angriff und die Einnahme von Verdun das Ende des Krieges bedeuten würden.

Jeder weiß, wie sehr sie getäuscht wurden. Die zunächst überraschten und erschütterten Franzosen sammelten sich schnell. Fünf Monate lang erkämpften sie sich Schritt für Schritt den Boden mit einer Hartnäckigkeit und einem Heldentum, die die Verteidigung von Verdun als die erhabenste militärische Leistung der Geschichte bezeichnen. Die Deutschen eroberten die Festungsstadt nicht, sondern opferten bei ihrem Versuch die Blüte ihrer Armeen.

Verdun hatte nicht die gesamte Stärke der französischen Armeen erschöpft. Am ersten Junitag 1916 griff General Foch an der Somme die Deutschen so heftig an, dass sie ihre Offensive gegen Verdun ganz einstellen mussten.

Am 1. Juli nahm die britische Armee, die sich zu ihrer endgültigen Form und Leistungsfähigkeit entwickelt hatte, ihren Platz links von den Stellungen von General Foch ein, und von diesem Zeitpunkt an waren die Deutschen gezwungen, den Großteil ihrer Einsatzkräfte an die Somme zu verlegen und die Aisne, um dem französisch-britischen Vormarsch entgegenzuwirken.

Der in diesen Regionen im Sommer 1916 begonnene Kampf dauert bis heute kaum unterbrochen an. Langsam aber sicher haben die französisch-britischen Truppen die Deutschen aus allen Positionen vertrieben, die sie für uneinnehmbar hielten. Mit dieser Methode werden sie sie weiterhin nach Deutschland zurückdrängen.

Die französischen Armeen auf der linken Seite und in der Mitte unternahmen im Frühjahr 1917 einige sehr große Operationen an der Aisne und in der Champagne, die ihnen den Besitz dominierender Stellungen verschafften, wie zum Beispiel den „Chemin des Dames" an der Aisne und den Hügel von „Cormillet", „Teton", „Monhaut" und „Mont-sans-nom" in der Champagne, die für zukünftige Offensiven von großem Wert sein werden . Die Eroberung dieser Hügel, die die Deutschen für *uneinnehmbar erklärt hatten* , folgte ganz natürlich auf die Erfolge der Armee von General Pétain im Jahr 1915 und wurde durch zahlreiche kleinere Operationen vervollständigt, die zu lange dauern, um sie hier aufzuzählen.

An der Aisne wurde der Vormarsch der Franzosen durch den berühmten Rückzug Hindenburgs nicht aufgehalten. Die Deutschen haben uns von Anfang an an die verblüffendsten Bluffs gewöhnt, die mehr darauf abzielten, ihre Landsleute zu blenden, als ihre Gegner einzuschüchtern, aber der berühmte Brief, in dem der Kaiser Hindenburg zu seinem „meisterhaften Rückzug" (retraite géniale) lobte, ist *sicherlich* der Der erstaunlichste Bluff aller Zeiten.

Lasst uns, Alliierte, zu Gott beten, dass der alte preußische Marschall oft von solch meisterhaften Ideen geplagt werde! Diese sollten uns auf jeden Fall nach Berlin führen.

Um den Chemin des Dames zurückzuerobern, haben die Deutschen an der Aisne eine Reihe wiederholter Massenangriffe begonnen, die sie 1916 in Verdun so teuer gekostet hatten und die jetzt nicht weniger kostspielig und erfolglos sind.

DIE MILITÄRISCHE SITUATION IM OKTOBER 1917

Zwei große Tatsachen beherrschen heute die Situation.

1. Der große Erfolg, den die Franzosen im August 1917 bei Verdun errangen, eroberten innerhalb von zwei Tagen die Stellungen zurück, die die Deutschen fünf Monate unaufhörlichen Angriffs und enormer Verluste an Menschen und Material gekostet hatten. Es ist in der Tat ein höchst bemerkenswerter Erfolg, wenn man bedenkt, dass der deutsche Generalstab bei der Verteidigung des so schwer gewonnenen Geländes alle der Militärwissenschaft bekannten Mittel einsetzte.

Die letzte Schlacht von Verdun zeigt die Überlegenheit, die die französische Artillerie gegenüber der deutschen Artillerie erlangt hat.

2d. Die jüngsten Siege der britischen Armee und die der französischen Armee unter General Anthoine in Flandern. Sowohl die Franzosen als auch die Briten haben trotz der ungünstigsten Wetterbedingungen – Nebel, Regen und tiefer Schlamm – kontinuierliche Fortschritte gemacht. Die Kommunikationslinien der Deutschen mit der belgischen Küste sind bedroht, und die Besetzung der belgischen Küste durch die Alliierten wird den Hoffnungen Deutschlands, die auf seinen U-Boot-Krieg gesetzt haben, ein Ende bereiten.

Das Wesentliche an diesen jüngsten Siegen Frankreichs und Großbritanniens ist die Tatsache, dass es den deutschen Armeen nun unmöglich ist, rechtzeitig zu reagieren – oder mit anderen Worten, einen Angriff durch schnelle Gegenangriffe einzudämmen.

Die Schwierigkeit, die die beiden Kronprinzen haben, sofort und im Augenblick genügend Truppen für einen energischen Angriff zu finden, beweist:

1. Dass ihnen trotz des Abzugs verschiedener Kontingente von der russischen Front die Reserven fehlen;

2d. Dass die Qualität und die Moral ihrer Truppen nachgelassen haben, was auch an der großen Zahl und dem geringeren Kampfwert der gemachten Gefangenen deutlich wird.

Dies sind Zeichen, die nicht nur den endgültigen Sieg ankündigen, der nicht zweifelhaft ist, sondern sogar ein schnelleres Ende des Krieges, als noch vor einem halben Jahr zu erwarten war.

Während der bevorstehende Einmarsch der amerikanischen Armeen in die Kampflinien von Anfang an für die militärische Lage von großer Bedeutung sein wird, hat die Beteiligung der Vereinigten Staaten am Krieg in Deutschland bereits eine moralische Wirkung hervorgerufen, die die deutschen Behörden vergeblich erwarten versuchen zu verbergen. Die Zahl der Gegner der Militärmacht nimmt täglich zu, und selbst die Brutalität Preußens ist machtlos, um die Verbreitung der Vorstellung zu verhindern, dass die Führer des Reiches einen schrecklichen Fehler begangen haben, als sie die ganze Welt gegen Deutschland aufbrachten.

Deutschland leidet sehr, und sein Leid kann wegen der unzureichenden Ernte in Europa nur noch schlimmer werden.

Erinnern wir uns an die Vorhersage eines Mannes, der Deutschland gut kennt, des ehemaligen elsässischen Reichstagsabgeordneten, Pater Weterlé. „Nach seiner Niederlage", sagte er 1915, „wird Deutschland die Welt durch seine Feigheit in Erstaunen versetzen."

Möge seine Vorhersage wahr werden!

*   *   *   *   *

Wir werden nun die allgemeinen Grundsätze der französischen Militärorganisation betrachten, die auf der Erfahrung basieren, die in den letzten drei Kriegsjahren teuer erkauft wurde.

Die amerikanischen Armeen werden nach einem ähnlichen Plan zusammengestellt.

KAPITEL I
KRIEGSGRUNDSÄTZE
(für 1917)

1. Die Regeln für Strategie und Taktik wurden nicht geändert. Allein die Art des Kämpfens ist unterschiedlich.

2. Verstoß gegen das Kriegsrecht. Einfluss der Wissenschaft.

3. Kampfeinheiten. Die Armee. Das Armeekorps. Der Unternehmensbereich. Der Befehl. Das Personal.

1. Strategie und Taktik bleiben unverändert. *Strategie* ist die Kunst, große Armeen über ein großes Gebiet zu manövrieren.

Taktik ist die Kunst, mit den Truppen auf dem Schlachtfeld umzugehen.

Man könnte geneigt sein zu glauben, dass im gegenwärtigen Krieg und seit dem Sieg an der Marne die allgemeinen Regeln der Strategie und Taktik geändert wurden. Gar nicht. Lediglich die Kampfweise und die Bewaffnung haben einen Wandel erfahren.

Die gegnerischen Linien haben sich in einem Labyrinth aus Verschanzungen vergraben. Auf beiden Seiten wurde nach und nach wieder auf alte Methoden der Kriegsführung und Waffen zurückgegriffen, die jahrhundertelang aufgegeben oder vergessen worden waren. Die „Minenwerfer", die Grabengeschütze, sind nichts anderes als der altmodische Mörser, der stark verbessert wurde. Der durch Druckluft angetriebene Strahl flüssigen Feuers findet seine Vorbilder im griechischen Feuer von Konstantinopel und den von Hand geworfenen Brennstoffen – siedendem Öl und brennendem Pech – des Mittelalters.

STRATEGIE. Die Regeln der Strategie bleiben unveränderlich. Sie bestehen immer noch darin, den Feind mit einem seiner Flügel anzugreifen; beim Versuch, ihn auf einer Seite zu überflügeln; beim Versuch, seine Linie durch einen Schlag in die Mitte in zwei Teile zu zerschneiden; bei der Organisation eines Transportsystems, damit die erforderlichen Streitkräfte schnell an den Punkten zusammengestellt werden können, die angegriffen oder geschützt werden sollen; bei der Ausnutzung einer Überlegenheit aufgrund des Besitzes gut organisierter Innenlinien. Dies sind die alten Grundprinzipien, die seit Beginn der Militärwissenschaft in verschiedenen Kombinationen von konkurrierenden Armeen angewendet wurden.

Beispiele. Als die Deutschen an der Yser-Front angriffen, verfolgten sie zwei Ziele: 1. Um den linken Flügel der französisch-englisch-belgischen Armee zu überflügeln; 2d. Sie wollten nach Calais und Dünkirchen vordringen, um England daran zu hindern, diese Häfen für die Konzentration seiner Armeen in Frankreich zu nutzen.

Nach seinem Scheitern an der Yser-Front nutzte Deutschland seine Überlegenheit bei den Binnenstrecken, bestehend aus den vor dem Krieg bestehenden Eisenbahnstrecken, ergänzt durch neue, die für militärische Operationen benötigt wurden. Aufgrund seiner zentralen geografischen Lage ist Deutschland jederzeit in der Lage, Truppen aus dem Herzen seines Reiches an die verschiedenen Fronten zu entsenden; von Russland an die französische Front und *umgekehrt*. Diesen inneren Linien ist die Leichtigkeit zu verdanken, mit der es schnell große Truppenmassen an jedem gewünschten Punkt konzentrierte, insbesondere an der rumänischen Front Ende 1916.

Als sie ihre Westfront fest gefestigt hatte, sammelte sie rasch alle verfügbaren Kräfte an der Ostfront, um die Russen zu vernichten.

Als die Deutschen im Februar 1916 den gigantischen Angriff auf Verdun starteten, hatten sie zwei strategische Ziele: 1. Die französische Linie zwischen dem rechten Flügel und der Mitte durchbrechen und den Marsch auf Paris fortsetzen. 2d. Im Falle eines Teilerfolgs sollten sie sich durch die Besetzung von Verdun stärken, um zu verhindern, dass die französischen Armeen das rechte Ufer der Maas erreichen, und gleichzeitig ihren eigenen linken Flügel und ihre Verbindungen mit Metz zu schützen Die Umstände zwingen sie jemals, sich hinter die Maas zurückzuziehen.

Im Herbst 1915 versuchten die Franzosen, die relative Schwäche der Deutschen aufgrund ihres Feldzugs gegen Russland auszunutzen. Ein günstiger Ausgang hätte sie nach Vouziers-Rethel geführt und höchstwahrscheinlich dazu geführt, dass alle deutschen Linien aus der Umgebung von Reims und Soissons abgezogen worden wären.

Wir können diese Beispiele variieren. Erst kürzlich haben die britischen Truppen den 1915 von den Franzosen geplanten Angriff auf Artois wieder aufgenommen. Sie werden Nordfrankreich und Flandern nach und nach befreien.

TAKTIK. Betrachten wir nun taktische Operationen, wie sie auf dem Schlachtfeld durchgeführt werden. Die von den Deutschen errichteten gewaltigen Feldschanzen zwangen beide Kombattanten dazu, ihre Artillerie und die Bewaffnung ihrer Infanterie zu ändern.

Die Art und Weise, wie die verschiedenen Waffen auf dem Schlachtfeld eingesetzt werden, hat sich kaum verändert.

Die Feldartillerie wurde enorm entwickelt und es war notwendig, die Leistung der Kanonen und Haubitzen ständig zu steigern. Wir werden dieses Thema später ausführlicher besprechen.

Die Definition der Taktik, wie sie General Pétain, der französische Generalissimus, im Rahmen seiner Vorlesungen an der „École de Guerre" gab, wurde durch die Schaffung dieser verbesserten Waffen nicht verändert. Er sagte: „Die Artillerie erobert die Stellungen, die Infanterie besetzt sie."

Nehmen wir als Beispiel eine recht aktuelle militärische Leistung, die den Unterschied zwischen strategischen und taktischen Operationen eindrucksvoll hervorhebt.

Am 22. Oktober letzten Jahres (1917) erzielte die französische Armee im Norden, östlich von Soissons, einen der wichtigsten Erfolge des Jahres. Diese Operation, die an einer neun Meilen langen Front durchgeführt wurde, war im Wesentlichen taktischer Natur. Ziel war die Eroberung sehr wichtiger Stellungen, die einen Vorsprung in den französischen Linien bildeten und den Deutschen die Möglichkeit für eine offensive Rückkehr nach Soissons boten. Die Eroberung von *Vaudesson-Allemant* und der *Festung Malmaison durch die Franzosen* beseitigte den Vorsprung, öffnete die Straße nach Laon und setzte die deutschen Linien an der Ailette einem durchdringenden Feuer aus.

Diese taktische Operation war offensichtlich Teil eines umfassenden strategischen Plans, der von den französischen und britischen Oberbefehlshabern entwickelt wurde. Der allgemeine Zweck dieser Operationen besteht darin, die Deutschen zum Verlassen des Nordens Belgiens und zum Rückzug nach Frankreich zu zwingen. Alle taktischen Operationen, die in Flandern, an der Aisne, in der Champagne und in Lothringen durchgeführt werden, sind Teil dieses einzigen Plans und haben das gleiche Ziel im Auge.

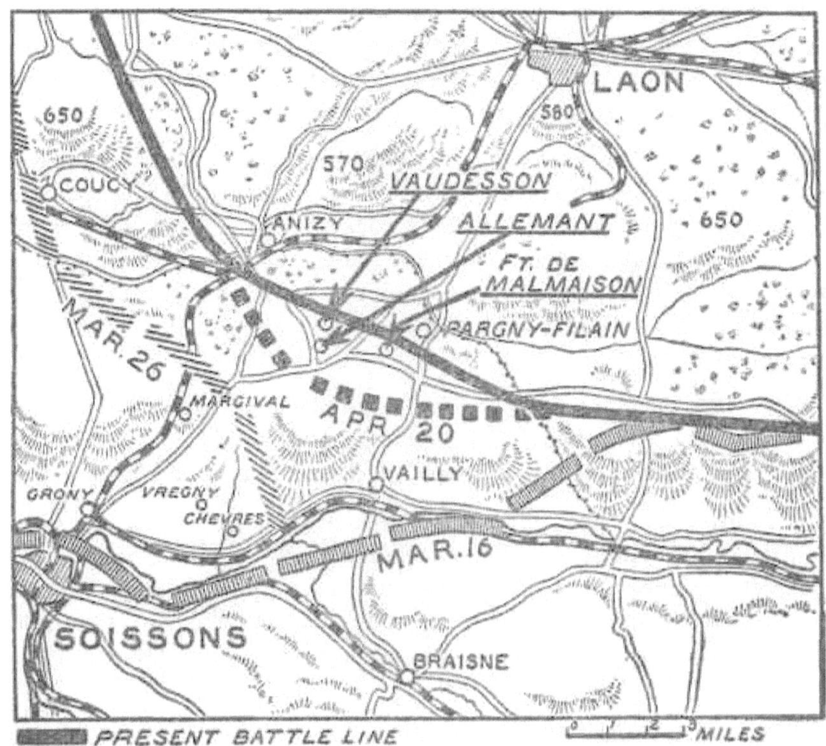

Schlachtfeld der französischen Offensive vom 22. Oktober 1917.

Der schnelle Feldzug, den Marschall von Mackensen soeben gegen die Italiener in den Julischen Alpen führte, ebenso wie der, den er 1916 in der Dobrutscha und in Rumänien führte, ist ein Beweis dafür, dass die alten Prinzipien des Krieges, insbesondere die von Napoleon praktizierten, noch immer voll und ganz eingehalten werden durch die deutschen Armeen.

2. Verstoß gegen das Kriegsrecht. Einfluss der Wissenschaft. Wir müssen anerkennen, dass die Deutschen, obwohl sie 1914 auf einen durch ein paar überwältigende Schläge errungenen schnellen Sieg gehofft hatten, während ihrer 44-jährigen militärischen Vorbereitung auch für die Möglichkeit einer Kontrolle gesorgt hatten und sich mit einem ausgestattet hatten mächtige Artillerie, die es ihnen ermöglichte, die Westfront im Kampf gegen Russland zu halten.

Frankreich musste große Anstrengungen unternehmen, um seine Aufrüstung im Jahr 1915 abzuschließen. Deutschland hatte dies bereits vor Kriegsbeginn weitgehend geschafft.

Es war der deutschen Wissenschaft vorbehalten, alle von allen Regierungen, sogar von der deutschen Regierung selbst, erlassenen Kriegsgesetze zu verletzen, um den Krieg nicht noch blutiger zu machen (die im Jahr 1914 eingesetzten Waffen erfüllten diesen Zweck hinreichend).

Die deutsche Wissenschaft hat gigantische Kanonen hervorgebracht, die kein Gesetz verbietet (über diese werden wir weiter unten sprechen), aber die deutsche Wissenschaft wird nach dem Urteil der Geschichte die Verantwortung tragen, den Schrecken des Krieges eine beispiellose Grausamkeit und Grausamkeit hinzugefügt zu haben das Einbringen von erstickenden Gasen, tränenerzeugenden Gasen und brennenden Flüssigkeiten.

Aber wir können hinzufügen, dass Deutschland seinerseits bereits selbst sehr unter seinen Erfindungen leidet; Die Alliierten waren gezwungen, ähnliche und oft deutlich verbesserte Waffen einzuführen und einzusetzen.

3. Kampfeinheiten. Die Kampfeinheiten bestehen aus einer variablen Anzahl taktischer Einheiten. Die taktische Einheit ist die Division, deren Zusammensetzung im Folgenden beschrieben wird. Es umfasst Infanterie, Kavallerie, Artillerie und Pioniere. Es sollte auch über einen besonderen Luftfahrtdienst verfügen, und wir hoffen, dass dies bald der Fall sein wird.

Eine Gruppe von zwei oder drei, manchmal auch vier Divisionen bildet ein Armeekorps. Der Zusammenschluss von drei, vier oder fünf Armeekorps bildet eine Armee. In diesem Krieg bilden zwei oder drei Armeen unter einem Kommando eine Heeresgruppe. An der französischen Front existieren vier oder fünf dieser Heeresgruppen. Die allgemeine Organisation der britischen Armeen unterscheidet sich kaum von der der französischen Armeen. Welcher Unterschied auch immer bestehen mag, er liegt eher in der Organisation der Rückseite als in der der Vorderseite. Die Briten, die eine viel kürzere Front besetzen, verfügen über eine verhältnismäßig größere Anzahl an Männern. Obwohl der Großteil ihrer Streitkräfte nur kurze Zeit in Frankreich war, haben sie von ihren Arbeiterinnen sehr intelligente und wertvolle Hilfe erhalten und konnten, da sie über größere Geldmittel verfügen, viel mehr als Frankreich zur Vervollkommnung beitragen die Organisation im Hintergrund.

Das Armeekorps und die Division müssen so organisiert sein, dass sie unter allen Umständen völlig autark sind. Sie können sich jedoch auf alle Reservekräfte stützen, die ihnen die umliegenden Armeen je nach der ihnen übertragenen Aufgabe zur Verfügung stellen.

EIN BLICK AUF DIE NORMALE ZUSAMMENSETZUNG EINER DIVISION

Die eigentliche Kampfeinheit ist die Division. Wir nennen es absichtlich keine Infanteriedivision. Die Division bildet für sich ein Ganzes. Es besteht aus allen verschiedenen Armen in den Proportionen, die für die Leistungsfähigkeit des gesamten Körpers als notwendig erachtet wurden.

INFANTERIE. Neben ihrem Stab, der die Stimme des Kommandos ist, umfasst eine Division normalerweise zwei Infanterie-Brigaden mit jeweils zwei Regimentern. Die Notwendigkeiten des gegenwärtigen Krieges haben die Kriegführenden gezwungen, viele ihrer Divisionen auf drei Regimenter zu reduzieren, und nur die zum Angriff ausgewählten Spitzendivisionen wurden auf bis zu vier Regimenter beschränkt.

ARTILLERIE. Zu jeder Division gehören unter dem Kommando eines Obersten: 1. Ein Regiment Feldartillerie mit drei Gruppen zu je drei Batterien zu je vier 75-mm-Batterien. Kanone;

2d. Ein Regiment schwerer Artillerie mit einer Gruppe von 155 mm. Schnellfeuerkanone;

3d. Eine Batterie Grabengeschütze, deren Anzahl und Größe variieren.

INGENIEURE. Eine französische Division umfasst ein halbes Bataillon Pioniere und Bergleute, was nicht ausreicht; Es sollten ihm mindestens zwei Bataillone angeschlossen werden. Die Schnelligkeit und Solidität, mit der die deutschen Schanzen errichtet werden, ist auf die große Zahl von Pionierbataillonen zurückzuführen, über die unser Feind verfügt.

KAVALLERIE. Zu einer Division gehören auch zwei Kavalleriegeschwader. In den Schützengräben werden sie abmontiert und als Verbindungsleute (*agents de liaison*) eingesetzt. Auf ihre Aufgaben wird an anderer Stelle eingegangen.

FLIEGER. Eine Division sollte über ein eigenes Fliegerkorps verfügen; Flugzeuge zur Aufklärung, Flugzeuge zur Lenkung des Artilleriefeuers und der Bewegungen der Infanterie und schnelle Kampfflugzeuge, ohne deren Schutz alle anderen Flugmaschinen großen Gefahren ausgesetzt sind.

Wir können nicht genug auf der Notwendigkeit bestehen, dass die amerikanische Armee bei der perfekten Organisation ihrer Luftfahrt kompromisslos sein muss. Gründe, für deren Erörterung wir keinen Raum haben, haben bisher verhindert, dass die französische Luftfahrtabteilung die vollständige allgemeine Organisation erhielt, die sie haben sollte.

LIEFERN. Alle Dienste für die Munitionsversorgung sowie für die Reparatur und Erneuerung von Material sind in einem Abteilungspark zentralisiert. Der Munitionsversorgung widmen wir ein besonderes Kapitel.

Die Versorgung mit Lebensmitteln wird in einer Abteilung einem Unterkommissar der Geschäfte übertragen. Die Kommissariatsabteilung ist

Teil des allgemeinen Dienstes des Heeresstützpunkts, und ihre Untersuchung würde uns über den Rahmen dieses Exposés hinausführen.

GESUNDHEITSABTEILUNG. Jede Abteilung verfügt über eine eigene medizinische Abteilung. Auch in diesem Punkt verzichten wir auf Einzelheiten. Wir möchten jedoch darauf hinweisen, dass der medizinische Dienst noch erheblich verbessert werden kann. Trotz kontinuierlicher Verbesserungen seiner Organisation, trotz der großzügigen Unterstützung unserer Verbündeten, neutraler Länder und insbesondere unserer amerikanischen Freunde haben die jüngsten Engagements bewiesen:

1. Die Unzulänglichkeit der verfügbaren Mittel, um die Verwundeten schnell auf dem Schlachtfeld einzusammeln;

2d. Die Unzulänglichkeit großer Feldlazarette in der Nähe des Schlachtfeldes für unaufschiebbare Operationen;

3d. Das Fehlen spezieller Krankenhäuser außerhalb der Schussreichweite des Feindes, in denen Schwerverletzte (*Grands Blessés*) und insbesondere Bauchkranke so lange wie nötig bleiben können. Es ist allgemein anerkannt, dass Personen, die eine Bauchverletzung erlitten haben, sofortige chirurgische Hilfe benötigen und nicht ohne übermäßiges Risiko aus der Ferne entfernt werden können. Solche gefährlich verletzten Männer sollten daher mit „Erholungskrankenhäusern" ausgestattet werden, in denen sie bleiben können, bis sie zum Stützpunkt transportiert werden können.

Der Transport der Verwundeten sollte Gegenstand einer genauen Untersuchung sein. Die Züge für den Transport der Grabkisten sollten weiter verbessert, ihre Geschwindigkeit erhöht und ihre Termine so gestaltet werden, dass die Wunden während der Fahrt versorgt werden können. Viele Fälle von Gangrän würden dadurch vermieden.

Dies gilt unbeschadet der wunderbaren Verbesserungen, die in den letzten drei Jahren vorgenommen wurden. Der hingebungsvolle Dienst, den sein militärisches Sanitätskorps Frankreich leistete, kann nicht hoch genug gelobt werden.

Amerikanische Armeechirurgen, die von der großen Erfahrung und den wunderbaren Fähigkeiten von Dr. Alexis Carrel am War Demonstration Hospital in New York profitiert haben, werden in der Lage sein, mehr für die Linderung von Leid und die Rettung von Leben zu tun als ihre fähigsten französischen Mitbrüder vor drei Jahren erreichen.

DER BEFEHL. Die charakteristischen Eigenschaften eines „Chefs" im gegenwärtigen Krieg müssen sein:

1. Eine sehr große körperliche Ausdauer, um eine großartige Aktivität zu ermöglichen. Der General, der eine Division befehligt, muss tatsächlich

jedes Detail der feindlichen Stellungen mit eigenen Augen sehen. Er muss sich mit der Beschaffenheit des von seinem Gegner besetzten Geländes sowie mit der Stärke seiner Verteidigung vertraut machen. Solche Inspektionen führen ihn oft in die Schützengräben, wo seine Anwesenheit die Stimmung seiner Männer besser aufrechterhält als jede aus der Ferne geschriebene Ermahnung.

2d. Der Chef muss die Situation auf einen Blick erfassen. Er muss gefasst sein und ein Mann mit schnellem Entschluss. Nur auf der Grundlage gründlicher Kenntnis aller Fakten kann er seine endgültige Entscheidung für einen Kampf treffen. Wir sind der Meinung, dass es insbesondere im gegenwärtigen Krieg immer ratsam ist, eine Entscheidung oder einen erteilten Befehl nicht zu ändern, außer in Einzelheiten der Ausführung, die die Operation als Ganzes nicht beeinträchtigen können.

3d. Während der Schlacht sollte der Divisionsgeneral seinen Kommandoposten an einem Ort errichten, von dem aus er, wenn möglich, das Gelände sehen kann, auf dem seine Truppen kämpfen. Er sollte auf jeden Fall dort sein, wo er möglichst lange mit den Generälen oder Obersten der ihm unterstellten Infanterie sowie mit seiner Artillerie und seiner Informationsabteilung in Kontakt bleiben kann.

4. Der Chef einer Einheit ist in Kriegszeiten für den physischen und moralischen Zustand seiner Truppen verantwortlich. Er wird ihren Geist auf einem hohen Niveau halten, wenn er sich selbst gegenüber genauso streng ist wie gegenüber seinen Untergebenen. Unter allen Umständen sollte er sie mit Gerechtigkeit und Freundlichkeit behandeln, aber gegenüber schlechten Soldaten sollte er gnadenlos sein.

Er sollte durch häufige persönliche Inspektionen sicherstellen, dass seine Truppen über gutes Essen, Schuhe und Kleidung verfügen und dass ihre Kleinwaffen und Artillerie bei jedem Wetter perfekt aufbewahrt werden.

Einige Kommandeure von Infanteriedivisionen haben es im gegenwärtigen Krieg versäumt, sich ebenso gut um ihre Artillerie wie um ihre Infanterie zu kümmern. Dies ist ein Fehler, den es zu vermeiden gilt. Es gibt keine Infanteriedivisionen mehr. Unsere Divisionen bestehen aus allen Waffengattungen, von denen jede einen besonderen Nutzen hat, und alle müssen ohne Diskriminierung die Fürsorge und Aufsicht ihres Chefs erhalten.

DIE STÄBE. Die Kommandeure der Einheiten benötigen die Unterstützung von Offizieren, die ihre Gedanken genau kennen und in der Lage sind, sie getreu auszudrücken und weiterzugeben.

Stabschef. In jeder Einheit haben wir einen General oder Vorgesetzten, der „Stabschef" genannt wird. In einer als Einheit betrachteten Division ist dieser Offizier mit der Leitung aller Divisionsdienste und der Dienste im Hauptquartier betraut. Er ist gegenüber seinem Kommandanten für die einwandfreie Funktion aller dieser Dienste sowie für die Formulierung und zeitnahe Übermittlung aller Befehle verantwortlich.

Während die Aufgabe der Inspektion der Truppen (insbesondere der kämpfenden Truppen) beim General liegt, sollte der Stabschef insbesondere die nicht kämpfenden Dienste und das Personal inspizieren, nämlich die Gesundheits-, Versorgungs-, Finanz- und Postabteilungen.

Stabsoffiziere. Es wäre ein großer Fehler, die Stabsoffiziere anders als in zwei sehr unterschiedliche Klassen einzuteilen:

1. Eigentliche Stabsoffiziere, die die direkten Assistenten des Chefs sind;

2d. Büropersonal, das mit allen Büroarbeiten betraut ist, mit Ausnahme derjenigen, die die Vorbereitung und Durchführung der Operationen und den Bericht darüber betreffen.

Letztere müssen nicht über Militärwissenschaft verfügen. Sie können ihre Aufgaben effizient erfüllen, wenn sie als Zivilisten in der Erstellung schriftlicher Berichte geschult sind und nicht über die für eigentliche Stabsoffiziere erforderliche körperliche Ausdauer verfügen müssen.

Um effizient zu sein, muss ein Stabsoffizier über militärische Wissenschaft, Urteilsvermögen, Fingerspitzengefühl, körperliche Stärke, große Aktivität, Tapferkeit und Selbstverleugnung verfügen.

Durch die Einhaltung der oben genannten Klassifizierung wird die amerikanische Armee keine Schwierigkeiten haben, hervorragende Stäbe zu bilden. Tatsächlich wird es nicht über eine Routine triumphieren müssen, die drei Jahre Krieg in unseren alten europäischen Armeen nicht vollständig beseitigt haben. Allzu oft beschäftigen wir unüberlegterweise für Aufgaben, die ihnen unbekannt oder ungeeignet sind, Beamte, die anderswo viel größere Dienste leisten können.

Der Stabsoffizier ist effizient, wenn er die folgenden kurz genannten Aufgaben wahrnimmt:

Der Stabsoffizier muss die zuvor vom General selbst durchgeführten Inspektionen in einer Minute abschließen. Er sollte niemals zögern, bis zu den allerersten Linien zu gehen, und oft wird es für ihn notwendig sein, unter dem Schutz von Infanteriepatrouillen zu gehen und sich persönlich zu vergewissern, in welchem Ausmaß die ersten Linien des Feindes zerstört wurden und wie groß der Schaden war wurden an den Drahtverflechtungen und -abwehrvorrichtungen usw. vorgenommen.

Der Stabsoffizier muss ein perfekt ausgebildeter Luftbeobachter sein. Er sollte auch in der Lage sein, auf den verschiedenen von den Fliegern gelieferten Fotos den geringsten Schaden zu erkennen, der den feindlichen Werken durch die aufeinanderfolgenden Projektile zugefügt wurde. Diese Aufgabe, die äußerst gewissenhaft ausgeführt werden muss, erfordert ein ausgezeichnetes Sehvermögen.

Wir zögern nicht zu sagen, dass es im gegenwärtigen Krieg krimineller Wahnsinn wäre, einen Angriff durchzuführen, ohne sicher zu sein, dass die Drahtabwehr des Feindes ausreichend beschädigt wurde; zumindest so weit, dass die Infanterie sie passieren kann. Ein Stabsoffizier sollte sich in diesem äußerst wichtigen Moment nicht unbedingt auf die Informationen verlassen, die ihm in den ersten Zeilen der Berichte oder auf den von der Luftwaffe aufgenommenen Fotos zu finden sind, sondern er sollte sich selbst umsehen und seinem Chef minutiös Bericht erstatten.

Es handelt sich um gefährliche Einsätze, weshalb es notwendig ist, Stabsoffiziere in Reserve zu haben. Es wurde wiederholt bewiesen, dass Offiziere, die nicht an der Ecole d'Etat Major (Stabsschule) ausgebildet wurden, aber erfahrene und effiziente Männer sind, schnell hervorragende Ersatz-Stabsoffiziere werden.

Ihre Hauptaufgaben lassen sich wie folgt zusammenfassen:

Halten Sie Ihren Chef vor, während und nach einer Operation auf dem Laufenden.

Ihre Büroarbeit sollte sich auf das Verfassen von Befehlen und Berichten über den Betrieb beschränken. Dies ist leicht zu bewerkstelligen, wenn der Kommandeur die Lage umfassend überblickt und seinem Stab klare und prägnante Befehle gibt, die er nur noch in der richtigen Form in die Tat umsetzen muss.

Der Stabsoffizier muss auch als Geheimdienstoffizier fungieren. Ein Stabsoffizier muss so nah wie möglich am Hauptquartier des Generals ein Informationszentrum einrichten, in dem er eine Streitmacht und die gesamte Ausrüstung unterhält, die es ihm ermöglicht, in ständiger Kommunikation mit seinem General, mit der Infanterie usw. zu bleiben Artillerie, die Fesselballons, alle Dienste der Luftfahrt usw. Wenn ein Aufklärungsflieger mit wichtigen Informationen zurückkehrt, sofern er diese nicht per Funk übermitteln konnte, landet er so nah wie möglich beim Geheimdienst und gibt ihn an den Der verantwortliche Stabsoffizier berichtet über das, was er gesehen hat, und fliegt davon. Der Stabsoffizier übermittelt die soeben erhaltene Information unverzüglich an die zuständige Stelle und es ist seine Pflicht, in allen wichtigen Fällen dafür zu sorgen, dass seine Nachricht den richtigen Bestimmungsort erreicht. Wenn die Telefonverbindung durch

einen Kampfunfall unterbrochen wurde, muss er einige der ihm zur
Verfügung stehenden Estafetten, Versandläufer oder Brieftauben entsenden.

KAPITEL II
LUFTFAHRT

1. Seine militärischen Anfänge. Seine zunehmende Bedeutung.

2. Seine Verwendung und sein Umfang.

3. Verschiedene Flugzeugtypen. Kampfflugzeuge. Bombenflugzeuge. Beobachtungs- oder Aufklärungsflugzeuge. Einsatz von Aufklärungsflugzeugen zur Führung des Artilleriefeuers und der Bewegungen der Infanterie. Luftfahrt während einer Schlacht.

4. Wasserflugzeuge.

5. Luftballons, Zeppeline.

1. Seine militärischen Anfänge, seine zunehmende Bedeutung. Zu Beginn des Krieges verfügte allein Deutschland über ein militärisches Fliegerkorps. Sie war die einzige Nation, die den Krieg wünschte. Sie war die Einzige, die darauf vorbereitet war, sowohl in dieser als auch in anderer Hinsicht. Ihre Weitsicht wurde gebührend belohnt.

Obwohl es immer noch wenige waren, waren ihre Flieger die Herren der Lüfte. Sie machten sich für das deutsche Kommando durch Beobachtungen von großem Nutzen, die es ihnen ermöglichten, die wichtigsten französischen Streitkräfte zu lokalisieren. Auch während der eigentlichen Kämpfe leisteten sie ihrer Artillerie große Dienste. Während eine deutsche Maschine unbeholfen etwa 3.000 Fuß über den französischen Batterien flog, schickte sie eine Rakete ab, und wenige Minuten später 150 mm. Auf die so angezeigte Stelle würden Granaten einschlagen.

Wenn die Deutschen damals so geschickt gewesen wären, wie sie es heute sind, ihre Waffen zu richten, hätten diese Luftbombardements wirksamere Ergebnisse gehabt, aber auch so hinterließen sie ausnahmslos einen beklagenswerten Eindruck auf die Moral der Deutschen Truppen, die sich einem Granatenbeschuss ausgeliefert fühlten, den die französische Artillerie aus Mangel an Haubitzen nicht erwidern konnte.

Die Luftfahrt hatte sich vor allem unter der Zivilbevölkerung in Frankreich entwickelt. Sozusagen über Nacht wurden unsere Zivilisten zu Militärflieger. Sie zeigten großen Mut und einige erwiesen sich auf einmal als bemerkenswert. Ihre Maschinen waren zwar schnell, wie Geschwindigkeit damals galt, für Kriegszwecke jedoch in vielerlei Hinsicht unzureichend, aber dennoch äußerst effektiv.

Seit 1914 haben alle Kriegführenden mit mehr oder weniger Erfolg den Umfang ihrer Luftfahrt erheblich ausgebaut.

In Frankreich herrschte zu große Unentschlossenheit darüber, welche Typen übernommen werden sollten.

Die Produktion standardisierter Maschinen stieß auf große Schwierigkeiten. Der Bau verlief langsam. Den Fabriken mangelte es entweder gänzlich an Maschinen oder sie waren nicht ausreichend damit ausgestattet.

Bis zum Herbst 1915 behielt Deutschland die Lufthoheit. Von diesem Zeitpunkt an änderte sich die Situation allmählich zugunsten Frankreichs, und seit der Ankunft eines großen Kontingents britischer Maschinen konnten die Alliierten an der Westfront eine deutliche Überlegenheit behaupten. Wenn das amerikanische Luftkorps seine Stärke gegenüber den französischen verbündet hat, wird das Ende der deutschen Luftfahrt nahe sein.

Dennoch ist es gut zu bemerken, dass die Deutschen aus Angst vor der Ankunft der amerikanischen Flieger jetzt große Anstrengungen unternehmen, um die Zahl ihrer Flugzeuge zu verdoppeln; und mithilfe einer sorgfältigen Untersuchung der Maschinen der Alliierten, die in ihren Linien gefallen sind, sind sie damit beschäftigt, immer beeindruckendere Exemplare zu konstruieren. In der Zwischenzeit verbessern die Alliierten ihre eigenen Flugzeuge täglich, und die Amerikaner konnten kürzlich feststellen, dass Italien, einer der jüngsten Fliegerrekruten, im Flugzeugbau nahezu die Perfektion erreicht hat.

Um die erwartete Hilfe umgehend leisten zu können, sollten die Vereinigten Staaten zumindest zu Beginn gründlich getestete Flugzeugtypen einsetzen, die in der Luft leicht zu kontrollieren sind; und sollte mehrere standardisierte Motoren konstruieren.

Nach der Erprobung *an der französischen Front* müssen einige Typen möglicherweise geändert werden, jedoch erst, nachdem das amerikanische Luftfahrtkorps sichergestellt hat, dass es in Frankreich auf jeden Fall über eine ausreichende Anzahl von Flugzeugen verfügt, bis die neuen Modelle eintreffen.

Der Flugzeugbau war bisher und wird auch weiterhin stetig fortschrittlich sein. Eine dringend benötigte Verbesserung ist eine Vorrichtung zum Schutz des Benzintanks, der bei den meisten vorhandenen Typen zu anfällig ist und zu häufig in Brand gerät. Sehr oft zielen die Deutschen eher auf die Panzer als auf den Piloten, da erstere leichter zu treffen sind und das Ergebnis das gleiche ist.

2. Nutzung und Umfang der Luftfahrt. Wir sind der Meinung, dass im gegenwärtigen Krieg ohne die Hilfe zahlreicher und mutiger Flieger kein wirklicher Erfolg zu erzielen ist. In den Tagen vor einem Angriff (im

Stellungskrieg) oder um die Truppenbewegungen zu verbergen (im offenen Feld) ist es von größter Notwendigkeit, die Luftherrschaft aufrechtzuerhalten. Die feindliche Luftfahrt muss vollständig geblendet werden. Keine einzige feindliche Maschine darf die Linien überqueren. Die Fesselballons müssen zerstört werden. Kurz gesagt, die Luftfahrt muss stark genug sein, um zu verhindern, dass der Feind Kenntnis von unseren Vorbereitungen erhält und vor allem den genauen Punkt ermittelt, von dem aus der Hauptangriff gestartet wird.

Neben der Arbeit, die sie an der Front zu leisten hat (mit der wir uns später befassen werden), wird die Bombardierungsflieger während der Vorbereitungszeit zahlreiche Angriffe auf den Rücken des Feindes durchführen, Zerstörungen auf die Flugplätze und in die Luft schleudern müssen Lager des Stabes und der Reserve, sprengen die wichtigen Munitions- und Lebensmittellager, greifen die Züge an, zerstören die Bahnlinien, insbesondere an den Knotenpunkten, zünden die Bahnhöfe an und greifen alle Abteilungen und Konvois auf den Straßen an.

Kurz gesagt, die Luftfahrt sollte während der Vorbereitung eines Angriffs im Hinterland die Unordnung ergänzen, die an der Front durch ein längeres Bombardement entstanden ist. Werden diese Anforderungen durch ausreichend zahlreiche und leistungsstarke Flugzeuge erfüllt, befindet sich der Feind im Moment des Angriffs in einer offensichtlichen Unterlegenheit.

3. Verschiedene Flugzeugtypen. Es gibt verschiedene Arten von Flugzeugen:

KAMPFFLUGZEUGE. Die Bedeutung der Kampfflieger übersteigt die der anderen Arten bei weitem, da diese unabhängig von ihrer Mission weder an der Front noch bei Angriffen hinter den feindlichen Linien die Luft halten können, wenn sie nicht vor Angriffen geschützt sind die gegnerischen Flugzeuge durch eine ausreichende Anzahl leichterer, schnellerer und leichter manövrierbarer Kampfflugzeuge zu übertreffen. Die Organisation der Kampfflieger sollte daher die vorrangige und sorgfältigste Prüfung durch den für alle verschiedenen Dienste des Fliegertrupps verantwortlichen Kommandeur erfordern.

Kampfmaschinen müssen sehr zahlreich sein und von coolen, kompetenten Fliegern gesteuert werden, die ihre Maschinen beherrschen und das besitzen, was unsere Soldaten in Frankreich „Cran" nennen; *ich. e.* , Zupfen.

Gegenwärtig besteht eine offensichtliche Tendenz, Eindecker zugunsten kleiner, sehr handlicher Doppeldecker mit einer Geschwindigkeit von 220 Stundenkilometern aufzugeben. Unsere berühmten „Asse", wie der verstorbene Kapitän Guynemer und so viele andere, haben bis jetzt im

Alleingang gekämpft, indem sie gleichzeitig gesteuert und geschossen haben. Wir kehren zu der Idee zurück, zwei Männer auf diese Kampfmaschinen zu setzen.

Einige von ihnen sind bereits mit zwei sehr leichten und äußerst präzisen Maschinengewehren ausgestattet, wobei das vordere so befestigt ist, dass es durch die Schraube schießen kann. Dieses Ergebnis wurde durch die Verwendung eines Geräts erzielt, das so erstaunlich genau ist, dass die Kugel beim Austritt aus dem Lauf der Waffe niemals auf die Flügel der Schraube trifft, die eine Geschwindigkeit von mehr als eintausendfünfhundert Umdrehungen pro Minute erreicht.

Unsere französischen Flieger operierten lange Zeit getrennt, aber nachdem die Deutschen es sich zur Gewohnheit gemacht hatten, in Gruppen zu fliegen, fliegen unsere Flieger jetzt in den meisten Fällen in Staffeln, um sich gegenseitig helfen zu können.

Die Kampfflugzeugflieger fliegen in großer Höhe und verstecken sich hinter den Wolken. Wenn sie eine feindliche Maschine unter sich sehen, stürzen sie sich mit aller Geschwindigkeit auf sie und versuchen, sie, während sie sich über ihr halten, abzuschießen.

Wenn sie angegriffen werden, versuchen sie aufzustehen und einen Positionsvorteil zu erlangen. Ihre Taktik besteht, kurz gesagt, darin, sich so weit wie möglich aus der Reichweite des Feindes zu befreien und eine Position zu erreichen, die es ihnen ermöglicht, ihn zu erreichen.

Manche dieser Kämpfe dauern zehn, manche fünfzehn Minuten.

Wenn das Wetter Flüge zulässt, sollten immer mehrere Kampfflugzeuge in der Luft sein, um die anderen Flugzeugtypen zu schützen.

Man muss als Regel festlegen, und wir wiederholen hier die Meinung berühmter Flieger, dass jeder Angriff, sei es durch eine einzelne Maschine oder durch eine Squadrilla, stets mit größter Kraft ausgeführt werden muss. Die Deutschen scheinen tatsächlich den Befehl erhalten zu haben, wegzufliegen, wenn sie sich minderwertig fühlen.

Eine wichtige Funktion der Kampfflugzeuge besteht darin, die Aufklärungs- oder Angriffsgeschwader während ihrer Einsätze zu begleiten und zu schützen, damit diese ihre Mission erfüllen können, ohne sich vor einem möglichen Angriff des Feindes schützen zu müssen.

Während dieser Expeditionen ist das Kampfflugzeug für die anderen Flugzeuge das, was die Zerstörer für die Schiffe sind, die sie transportieren. Um den Schiffen einen wirksamen Schutz zu bieten, müssen die Zerstörer sehr schnell und kontrollierbar sein; Ebenso müssen die verfolgenden

Flugzeuge zwangsläufig schneller und kontrollierbarer sein als diejenigen, zu deren Schutz sie geschickt werden.

BOMBARDIERUNGSFLUGZEUGE. Die Anzahl der Maschinen, aus denen ein Bombardierungsgeschwader besteht, variiert. Oft starten mehrere Squadrillas gemeinsam, um eine Mission zu erfüllen und bilden eine Luftarmee. Die so beschriebenen Maschinen müssen in der Lage sein, eine schwere Ladung Munition zu transportieren und außerdem ausreichend Benzin bereitzustellen, damit sie lange Zeit in der Luft bleiben können.

Um die Fortschritte beim Bau solcher Maschinen zu erkennen, muss man sich nur daran erinnern, dass am 15. Oktober letzten Jahres ein italienisches Flugzeug, das zusätzlich zu seinem Benzinvorrat noch ein großes Gewicht trug, die Strecke von Turin zur englischen Küste zurücklegte zehn Stunden.

Die Italiener haben jetzt in Washington eine Maschine mit zwölf Personen. Alle Mächte bauen große Flugzeuge, um Bombardierungen immer tödlicher zu machen.

Anfangs wurden gewöhnliche Bomben aus Flugzeugen abgeworfen, heute gibt es Spezialbomben, die mit den stärksten bekannten Sprengstoffen (Flügeltorpedos) sowie Brand- und Erstickungsgeschossen gefüllt sind. Es wurden spezielle Vorrichtungen konstruiert, die die Zielgenauigkeit beim Abwerfen von Bomben erhöhen.

Diese Bombenflugzeuge sind mit Schnellfeuergeschützen bewaffnet, aber weniger handlich und kontrollierbar als die Kampfflugzeuge, deren Schutz sie daher benötigen.

Wir sind zuversichtlich, dass unsere amerikanischen Freunde ihre Bombardierungsfliegerei bis zum Äußersten entwickeln und eine große Anzahl ihrer Flieger für Langstreckenflüge bei Tag und Nacht ausbilden werden. Sehr viele der wichtigsten militärischen Einrichtungen Westdeutschlands liegen in Reichweite unserer Angriffe. Bis jetzt war die Unzulänglichkeit unseres Materials der einzige Grund dafür, dass unsere Flieger nicht versuchten, ihre Fabriken in Essen, Köln, Mannheim, Metz usw. zu zerstören. Gewisse Expeditionen haben bewiesen, dass alle diese Orte in Reichweite liegen ziemlich gute Maschinen, die von gut ausgebildeten Fliegern gesteuert werden.

Was würde aus den Essener Werken werden, wenn 1200 oder 1500 Flugzeuge sie in Gruppen von 30 oder 40 im Abstand von zehn Minuten angriffen? Einige bombardieren die Werke mit Hochleistungstorpedos, andere mit Brandbomben, andere mit erstickenden Projektilen, was die Arbeiter völlig demoralisiert und Terror in ihrer Mitte verbreitet?

Gewiss würde es Verluste geben, denn die Deutschen haben ihre Werke mit zahlreichen Flugabwehrgeschützen umgeben, aber wäre die mehr oder weniger vollständige Zerstörung der Essener Werke durch den Verlust einiger Maschinen zu teuer erkauft worden? Darüber hinaus glauben wir nicht, dass ein Überfall auf ihre großen Anlagen, wenn er gut vorbereitet und durchgeführt wird, sehr kostspielig wäre.

Der Einsatz der Luftfahrt zur Zerstörung feindlicher Munitionsfabriken wird unserer Meinung nach das Ende des Krieges erheblich beschleunigen und eine große Zahl von Menschenleben retten.

Wenn der Krieg andauert, wird die Langstreckenflieger während des Sommers sehr intensiv eingesetzt werden müssen, um wahllos die Ernte im Land des Feindes und sogar in dem Gebiet, das er als Eindringlinge besetzt, in Brand zu setzen, da es keinen Grund gibt, zu verschonen die eingedrungenen Gebiete, solange den Einheimischen nicht erlaubt wird, ihren Anteil an der Ernte zu haben. Darüber hinaus müssen Geräte erfunden werden, die diese Zerstörungsarbeit erleichtern.

Es ist praktisch unmöglich, den Bombenangriffsmaschinen eine Geschwindigkeit zu verleihen, die der der Kampfflugzeuge gleichkommt. Der Auswahl der Motoren und der Erzielung einer größtmöglichen Geschwindigkeit muss jedoch große Bedeutung beigemessen werden.

Alle diese Maschinen verfügen über zwei Propeller und einige sind mit drei Motoren ausgestattet.

Die ersten Bombenexpeditionen wurden in den ersten Kriegsmonaten durchgeführt. Von Anfang an war den Deutschen klar, dass Flugzeuge weit fliegen und gefährliche Schläge austeilen konnten. Paris wurde bereits im September 1914 bombardiert. Mit der Zeit und als die Maschinen verbessert wurden, wurden die Bombardierungen immer verheerender. Im ersten Halbjahr 1915 warfen britische Flieger Bomben auf Friedrichshaven, die Zeppelinstation am Bodensee; Französische Flieger griffen Stuttgart und Karlsruhe an; und seit Anfang 1917 haben die Deutschen ihre Angriffe auf London und die Küsten Englands vervielfacht.

Wir glauben, dass die Bombardierung der Luftfahrt zu rein militärischen Zwecken im Krieg eine immer größere Bedeutung erlangen wird.

Beobachtungs- oder Aufklärungsflugzeuge. An der französischen Front werden die alten Typen von Aufklärungsmaschinen so schnell wie möglich ersetzt. Sie waren zu langsam und im Falle eines Angriffs nicht leicht zu kontrollieren.

Von größter Bedeutung sind die Leistungen der Aufklärungsflugzeuge. Ihre Beobachtungen liefern dem Kommando genaue Informationen über alles, was innerhalb der feindlichen Linien vor sich geht; der Zustand seiner Vorderseite; die Bewegungen der Truppen in seinem Rücken; Dadurch konnte der Häuptling seine Absichten vorhersehen und seine Pläne vereiteln.

Zusätzlich zu den Berichten über das, was sie während ihrer Flüge beobachten, erhalten die Piloten Luftbilder. Dieses sehr wichtige Hilfsmittel unserer modernen Armeen wurde erheblich verbessert.

Fotos, die in einer Höhe von 2.500 und 3.000 Metern (8.000 bis 10.000 Fuß) aufgenommen wurden, geben die Konfiguration des Landes mit allen darauf befindlichen Objekten so genau wieder, dass geschulte Beamte in der Lage sind, die kleinsten vorgenommenen Veränderungen darin zu beobachten. Mit diesem Objekt im Blick vergleichen sie mehrere Fotos desselben Ortes, die zu unterschiedlichen Zeitpunkten aufgenommen wurden.

Wir fügen unserem Band einige Luftaufnahmen der deutschen Linien im Aisne-Sektor bei, die Ende Dezember 1916, im Januar 1917 sowie im April und Mai 1917 aufgenommen wurden. Die ersten zeigen lediglich die Werke des Feindes vor dem französischen Bombardement. Die im April vom selben Gelände aufgenommenen Bilder geben einen hervorragenden Eindruck von der fortschreitenden Wirkung der französischen Artillerie, und die letzten Fotos, die während der Angriffe vom 5. und 6. Mai aufgenommen wurden, zeigen das Endergebnis des gewaltigen Granatenfeuers. Um die von Zeit zu Zeit vorgenommenen Veränderungen zu vergleichen, ist es notwendig, eine Lupe zu verwenden und nacheinander jede Beobachtung auf einer großmaßstäblichen Karte, einer sogenannten „Richtkarte", zu notieren. Allein diese winzige, sorgfältige Methode wird es dem Stab ermöglichen, sich eine Vorstellung von der Wirkung der Artillerie und der fortschreitenden Zerstörung der Werke und Schützengräben des Feindes zu machen. Später werden wir sehen, dass die von der Aufklärungsfliegerei gemeldeten Beobachtungen in großem Maße die Angriffsdispositionen beeinflussen.

Die Briten legen zu Recht so viel Wert auf eine streng genaue Aufzeichnung der Auswirkungen ihres Feuers, dass sie sich nicht mit den üblichen Karten zufrieden geben, sondern für ihre Hauptstäbe großformatige Reliefkarten erstellen, die sowohl ihre eigenen als auch die der USA enthalten Deutsche Linien, Werke und Batterien, wie ihnen Fotos aus Flugzeugen und Fesselballons zeigen. Den Offizieren des Generalstabs obliegt die besondere Aufgabe, auf dieser Hilfskarte sämtliche Schäden und Zerstörungen so schnell wie möglich zu vermerken. Wenn der Angriffsbefehl gegeben wird, treffen die britischen Häuptlinge ihre Dispositionen entsprechend, da sie so weit wie möglich wissen, welche Werke sie zerstört vorfinden werden und welche Punkte einen mehr oder weniger hartnäckigen Widerstand leisten werden.

Ein Angriff ist nicht möglich, wenn das Kommando nicht täglich von der Fotoabteilung informiert wird. Auch nach einem anhaltenden Bombardement ist es sinnvoller, einen Angriff zu verschieben, wenn das Wetter in den vorangegangenen Tagen so schlecht war, dass der Einsatz der Luftbildkameras nicht möglich war.

Einsatz von Aufklärungsflugzeugen zur Lenkung von Artilleriefeuer. Für die ausschließliche Verwendung der Artillerie und insbesondere der schweren Artillerie müssen besondere und ausreichend zahlreiche Schwadronen reserviert werden, um diese mit der entsprechenden Reichweite zu versorgen.

Manchmal können Fesselballons der schweren Artillerie in dieser Hinsicht helfen, da die Kanoniere sie den Flugzeugen vorziehen; aber diese Ballons sind nicht immer zahlreich genug und können nicht immer weit genug sehen.

Das Leitflugzeug informiert die ihm zugeteilten Batterien über die Wirkung ihres Granatenbeschusses mittels drahtloser Telegrafie, was den Vorteil hat, dass es nicht durch den gewaltigen Lärm des Bombardements unterbrochen wird, wohingegen eine telefonische Kommunikation mit einem Fesselballon unmöglich ist ohne die Verwendung spezieller „Hörmasken".

Unter Umständen können auch verschiedene Raketenarten zur Reichweitenanzeige eingesetzt werden.

Einsatz von Aufklärungsflugzeugen zur Steuerung der Bewegungen der Infanterie. Die Squadrillas einer Division sind mit Vorrichtungen zur Führung der Infanteriebewegungen ausgestattet.

Ihre Aufgaben sind vielfältig. Sie bleiben ständig über den ersten Linien schweben, um den Feind zu beobachten und ihn vor allen ungewöhnlichen Bewegungen zu warnen.

Bei einem Angriff besteht ihre Hauptaufgabe darin, die unverzichtbare Aktionseinheit zwischen Infanterie und Feldartillerie sicherzustellen. Wie wir weiter unten erklären werden, wird jeder Angriff der Infanterie durch ein gewaltiges Sperrfeuer abgeschirmt, das der ersten Welle etwa hundert Meter voraus ist. Damit ein solches Sperrfeuer weiterhin seine volle Wirkung entfalten kann, muss es mit der gleichen Geschwindigkeit voranschreiten wie die Infanterie.

Zu diesem Zweck sind Aufklärungsflugzeuge mit einer speziellen Rakete ausgestattet, die „Reichweite erhöhen" signalisiert. Jede Rakete rief dazu auf, die Reichweite um einhundert Meter zu erhöhen.

Während des Kampfes enden die Pflichten des Fliegers als Wachhund der Infanterie nicht. Er muss die kleinsten Bewegungen des Feindes beobachten und ist normalerweise in der Lage, seine Kommandeure vor der Vorbereitung von Gegenangriffen, ihrer Richtung und ihrer Stärke zu warnen.

Die Leistungen der Führungsflieger an die Artillerie und Infanterie sind offensichtlich von größter Bedeutung. Ihre Mission ist, wenn sie richtig ausgeführt wird, äußerst schwierig und mühsam, weshalb es in Zukunft notwendig ist, die Anzahl und Effizienz dieser Squadrillas so weit wie möglich zu erhöhen. Damit sie erfolgreich operieren können, müssen sie durch starke Kampfflugzeuge gut geschützt werden, es sei denn, diese haben das Gebiet bereits von feindlichen Maschinen befreit und ihnen die Kontrolle über die Luft überlassen.

LUFTFAHRT WÄHREND SCHLACHTEN. Seit der Schlacht an der Somme beteiligt sich die britische und französische Luftfahrt von Tag zu Tag direkter an den tatsächlichen Kämpfen. Die Deutschen, deren Flugzeuge ursprünglich nur zu Aufklärungszwecken eingesetzt wurden, zögerten nicht, sie nachzuahmen.

Während aller jüngsten französisch-britischen Offensiven wurden Maschinen aller Art gesehen, die bis zu 150 Meter über dem feindlichen Gelände herabflogen, die Reservelinien mit Maschinengewehrfeuer durchstreiften und die Kanoniere exponierter Batterien abschossen, was überraschend war Verstärkungen waren auf dem Vormarsch oder kamen in Truppenzügen heran, und überall verbreitete sich Unordnung.

In Artois wurde ein fahrender Zug, der von drei britischen Maschinen angegriffen wurde, zerstört, wobei die überfüllte Infanterieladung große Verluste erlitt.

Für einen Franzosen ist es eine Freude, den britischen Fliegern den Tribut zu zollen, den sie durch ihre Tapferkeit und ihr Unternehmungsgeist verdient haben. Als Sportler haben sich die Engländer von Anfang an für die Luftfahrt als Sport interessiert und sich ihr mit Herz und Seele verschrieben. Die Ergebnisse, die sie erzielt haben, sind wunderbar. Vielleicht hätten sie mit geringeren Verlusten ebenso brillante Leistungen vollbracht; Dennoch können wir nicht umhin, den großen Mut ihrer jungen Männer zu bewundern, die den Tod verachtend und alle ihre Energie darauf verwendet haben, Erfolg zu haben.

Die vorangehende kurze Zusammenfassung der Einsatzmöglichkeiten der Luftfahrt im gegenwärtigen Krieg rechtfertigt, was wir zu Beginn geschrieben haben, nämlich dass die Seite, die die unbestrittene

Vorherrschaft in der Luft hat, die Seite, die die Luftfahrt des Gegners abgeschafft hat, sehr nahe sein wird der endgültige Sieg.

Aber um dieses Ergebnis sicher und schnell zu erreichen, sollten die Amerikaner bei der Organisation ihres Fliegerkorps zumindest zu Beginn bereit sein, ihren Erfinderstolz zu opfern.

Es wird für sie absolut notwendig sein, den Kampf in der Luft mit nur Flugzeugen zu beginnen, die bereits erfolgreich an der Front in den verschiedenen Zweigen des Luftstreitkräfte erprobt wurden. Es spielt keine Rolle, welche Typen sie aus den besten auswählen, die jetzt von den Franzosen, Briten, Italienern und sogar den Deutschen verwendet werden; Der entscheidende Punkt ist die Erzielung schneller und sicherer Ergebnisse, und diese können nur mit solchen Flugzeugen erzielt werden, die sich in der tatsächlichen Kriegsführung bewährt haben.

Andernfalls würden sich die Amerikaner zu Beginn dem nutzlosen Verlust zahlreicher Flugzeuge und der Opferung vieler wertvoller Leben aussetzen. Sie würden die Perfektionierung einer Waffe, von der erwartet wird, dass sie an der Westfront schnelle und entscheidende Ergebnisse liefert, um mehrere Monate verzögern und damit für die Amerikaner eine ebenso große Enttäuschung hervorrufen wie für die alliierten Armeen.

Die Einführung einer solchen Politik würde die amerikanischen Ingenieure jedoch nicht daran hindern, ihre ursprünglichen Flugzeuge schrittweise zu verbessern. In den letzten drei Jahren wurden Flugzeuge kontinuierlich modifiziert und verbessert. Für die Zukunft sind noch größere Verbesserungen zu erwarten, und auf diesem Gebiet bleibt dem amerikanischen Genie noch ein weites Feld offen.

4. Wasserflugzeuge. Eine kurze Erwähnung verdient Wasserflugzeuge oder Wasserflugzeuge, die, obwohl sie normalerweise nur mit den Pontons ausgestattet sind, die es ihnen ermöglichen, auf dem Wasser zu landen, durch den Zusatz von Rädern gleichermaßen für eine Landung auf festem Boden geeignet sind. Die meisten britischen Angriffe auf deutsche Flugplätze, Lager und befestigte Linien an oder in der Nähe der belgischen Küste wurden von Wasserflugzeugen aus durchgeführt. Diese Maschinen haben sich bei Patrouillen an der Küste gegen U-Boote als äußerst wertvoll erwiesen. Die Flieger können die U-Boote in einer bestimmten Tiefe unter Wasser sehen, verfolgen sie und greifen sie an, indem sie spezielle Bomben abwerfen, die, wie die Zerstörer beim Überfahren eines U-Bootes, so konstruiert sind, dass sie in einer bestimmten Tiefe explodieren Wasserdruck, auch wenn sie ihr Ziel nicht treffen. Die Wucht der Explosion reicht im Umkreis von vielen Metern aus, um die Platten des U-Boots auseinanderzureißen.

5. Ballons – Zeppeline. Zu Beginn des Krieges hatten die Deutschen eine deutliche Überlegenheit bei Luftballons. Sie hatten damals bereits ihren speziellen Typ eines starren Luftballons, den Zeppelin, fertiggestellt, den sie seitdem im Rahmen ihrer Möglichkeiten verbessert und vervielfacht haben. Nur auf See haben sie sie zu rein militärischen Zwecken eingesetzt und dabei die britische Flotte und Flottillen sehr vorteilhaft beobachtet. Bei den Kämpfen an der Westfront haben sie ihre Zeppeline nur ein einziges Mal eingesetzt, nämlich beim Angriff auf Verdun, als versucht wurde, die Eisenbahnstrecke Paris-Verdun zu zerstören. Zwei Tage vor dem Angriff entsandten sie einige der großen Luftschiffe zu diesem Auftrag, aber eines wurde abgeschossen und das andere vertrieben, bevor sie ihre Mission erfüllen konnten.

Alle anderen Zeppelin-Expeditionen an der Westfront richteten sich nicht gegen Kombattanten, sondern gegen Städte. Während sie in den alliierten Ländern viele Opfer unter der Zivilbevölkerung forderten, wurde eine große Zahl von ihnen abgeschossen.

Frankreich hat für Fernexpeditionen einige nicht starre Luftschiffe eingesetzt und mehrere davon verloren.

England setzt zum Schutz der Irischen See und des Ärmelkanals einige sehr schnelle kleine Luftschiffe ein, die sehr leicht zu handhaben sind und eine ausgezeichnete U-Boot-Patrouille bilden, aber als Kampfeinheiten sind sie wertlos und müssen vor feindlichen Flugzeugen fliehen.

KAPITEL III
GRABENORGANISATION

1. Allgemeine Bemerkungen.

2. Allgemeiner Plan eines Verschanzungssystems. Gräben. Erste und zweite Zeile. Angriffsgräben. Artillerie. Drähte.

3. Minen und Gegenminen.

4. Spezielle Eisenbahntruppen. Transport auf Straßen.

5. Allgemeine Bemerkungen zum Transport.

6. Tarnung.

1. Allgemeine Bemerkungen. Als sein Traum von einem kurzen Krieg, der alle seine Eroberungsziele verwirklichen sollte, zerplatzt war, griff Deutschland auf eine Besatzungspolitik zurück, in der Hoffnung, entweder die Kontrolle über das eroberte Gebiet zu behalten oder es schließlich als Vorteil zu nutzen bei Friedensverhandlungen. Ende 1914 besetzte es fast die gesamte Fläche von sieben französischen Departements, von denen drei oder vier zu den reichsten Agrar- und Industriebezirken Frankreichs zählen.

Um seine Ziele zu erreichen, verschanzte Deutschland seine Armeen an der nächstgelegenen Front, die es besetzen konnte, einer von mehreren Verteidigungslinien, die es schon lange zuvor ausgewählt hatte. Ihre Spione hatten ihr in Friedenszeiten genaue Kenntnisse über alle wichtigen Positionen vermittelt.

Als also die deutschen Armeen der ersten Linie an der Marne geschlagen wurden und in Unordnung zurückfielen, fanden sie in einer Entfernung von drei oder vier Tagesmärschen hinter Soissons an der Grenze Lothringens eine ununterbrochene Linie von Verschanzungen vor bereits von den Truppen der zweiten Linie organisiert, während sie ihren erzwungenen Rückzug durchführten.

Die französischen Verfolgerarmeen verfügten im September 1914 nicht über die materiellen Mittel, um die Verschanzungen des Feindes anzugreifen. Sie hatten gerade eine Reihe von Schlachten geschlagen, die ihre effektiven Streitkräfte erheblich verringert hatten. Ihre Regimenter mussten neu besetzt werden. Es blieb ihnen nichts anderes übrig, als sich auf möglichst ungünstigen Stellungen vor dem Feind zu verschanzen. So begann entlang einer Linie, die sich von der Nordsee bei Nieuport bis zur Grenze der Schweiz erstreckte, der furchtbare Konflikt, der noch immer tobt.

Der Abstand zwischen den beiden feindlichen Fronten variiert zwischen 30 oder 40 Metern und höchstens 1200 oder 1500 Metern.

Nach großen Angriffen, vorbereitet durch lange Bombardierungen, verschwinden die ersten Linien und sehr oft verschmelzen beide feindlichen Fronten miteinander . Die am weitesten fortgeschrittenen kleinen Außenposten haben keinen anderen Schutz als den von Granatenkratern, und die Versuche, die Fronten zu begradigen, sind die von einem Krater zum anderen geworfenen Granaten und alle Erdarbeiten, die mit den vorhandenen Werkzeugen improvisiert werden können gemacht.

Meistens verfügen beide Parteien über drei aufeinanderfolgende organisierte Verteidigungslinien, manchmal auch über mehr.

Es ist jedoch anzumerken, dass die Deutschen sich zwar in den Sektoren, in denen sie sich nur leicht bedroht fühlen, an das Dreilinienprinzip gehalten haben, sich aber an den Fronten, in denen sie von den alliierten Armeen stark bedrängt werden, organisiert haben Vorgeschobene Linien wurden geschwächt oder gezwungen, eine Reihe sehr starker Stellungen hintereinander. Eine genaue Angabe über die Anzahl dieser Zeilen ist nicht möglich. Den Berichten der Flieger zufolge bestehen zwischen den Stellungen, die sie jetzt verteidigen, und der Maas mehrere vollständige Verteidigungssysteme.

Es ist interessant festzustellen, dass die Vermehrung der großkalibrigen Artillerie bei beiden Kriegführenden zu Veränderungen beim Bau von Schutzräumen und Verschanzungen geführt hat.

Im Winter 1914–1915 kam es vor April zu keinen ernsthaften Bombardierungen. Beide Seiten organisierten sich auf ihren Positionen und gruben flache Unterstände aus, die mit Holzbalken ausgesteift und mit zwei oder drei Lagen Baumstämmen gedeckt waren, über die mehr oder weniger dick Erde gepackt wurde. Solche Unterstände hielten 150 mm gut stand. Muscheln.

Aber im Jahr 1917, während der Operationen im Artois und in der Champagne, zwangen die Einführung größerer Kaliber und der Einsatz von Torpedos, die von Grabenmaschinen abgefeuert wurden, die Kriegführenden, sich tiefer in die Erde einzugraben, wo immer es der Boden zuließ, und mehr zu bauen solide Unterstände. Wenn tiefe Ausgrabungen durch Wasser beeinträchtigt wurden, wurden die Unterstände mit sehr starken T-förmigen Eisenbahnschwellen aus Eisen oder mit mehreren Lagen Stahlschienen abgedeckt; Diese erwiesen sich jedoch als unzureichend, und die Deutschen waren die ersten, die jene bombensicheren Panzer aus Stahlbeton bauten, denen die Briten zum ersten Mal an der Somme begegneten. Die Betonblöcke sind sehr groß und die Stahlbewehrungsstäbe extrem stark. Solche Arbeiten behindern und verzögern sicherlich die Operationen des Feindes, insbesondere wenn sie in großem Umfang eingesetzt werden, aber die Ereignisse haben gezeigt, dass sie mit der Zeit immer durch Gewehrfeuer zerstört werden können. Die Franzosen haben ähnliche Werke nur an Punkten von entscheidender Bedeutung errichtet. Sie bevorzugen die alten Holzunterstände, die gut mit Erde verstärkt sind.

Ailles und sein westlicher Ansatz

10. Februar 1917 – 14.30 UHR

An allen bewohnten Orten in ihren Linien und an Punkten natürlicher Stärke haben die Deutschen unabhängige Widerstandszentren organisiert. Sie haben ganze Dörfer in Festungen verwandelt. Zu erwähnen sind nur das Labyrinth von Carency-Thiepval, Beaumont-Hamel, die Tunnel von Cornillet, Hill 304, Mort-Homme usw.

An jedem dieser Orte wurden überraschend viele Betonkonstruktionen und übereinander angeordnete unterirdische Galerien entdeckt. In ihnen hatte der Feind Reservetruppen, Lebensmittel und Munition gesammelt. Zweifellos boten solche Bunker den Deutschen großen Schutz, und um sie zu zerstören, musste auf immer wirksamere Methoden zurückgegriffen werden.

Ein Offizier des 81. Infanterieregiments, das Mort-Homme eroberte, schreibt wie folgt: „... und auf dem Hügel, wo das 81. Regiment lagert, was für eine Ansammmlung von Verteidigungskräften! Drähte, Tunnel, Gräben,

Observatorien, Unterstände aller Art, Maschinengewehrposten, leichte Kanonen, es fehlt an nichts. Zu diesen gewöhnlichen Verteidigungsmitteln kamen noch andere außergewöhnliche hinzu, bestehend aus drei riesigen und sehr tiefen unterirdischen Systemen (82 Stufen führten zu einem und die Länge eines anderen über einen Kilometer hinaus), die mit Ventilatoren, Decauville-Schmalspurbahnen und Elektrizität ausgestattet waren , Kommando- und Hilfsposten, Räume für die Männer und Vorräte für Lebensmittel, Waffen, Munition und Material. Alle diese außergewöhnlichen Befestigungen konnten dem ungestümen Angriff unserer Truppen nicht standhalten, dem ein sechstägiges Bombardement vorausgegangen war, das so intensiv war, dass die gesamte erste Linie in eine dicke, etwa zweihundert Meter hohe Rauchwolke eingehüllt war und der Boden bebte die Zeit."

Tatsächlich wurde noch kein absolut uneinnehmbarer Schutzraum entwickelt, und die Geschichte der Befestigung ist nur eine Wiederholung der Geschichte der defensiven Seebewaffnung. Je dicker die Platten der Dreadnoughts sind, desto stärker sind die Geschütze und die Geschütze haben das letzte Wort.

Darüber hinaus ist keineswegs nachgewiesen, dass die deutschen Verschanzungen, die enorme Summen und eine Menge menschlicher Arbeitskraft gekostet haben, die die Alliierten nicht hätten aufbringen können, die Verluste des Feindes in irgendeiner Weise verringert haben. Im Gegenteil scheint es, dass der vorübergehende Schutz, den solche Werke bieten, durch die großen Verluste an Menschen und Material, die die Folge ihrer endgültigen Zerstörung sind, mehr als ausgeglichen wird.

Die offiziellen Berichte, die uns unmittelbar vor Drucklegung über den französischen Sieg am 23. und 25. Oktober 1917 an der Aisne erreichen, beweisen, dass sie im eroberten Vorsprung (den die Deutschen als äußerst wichtig erachtet hatten) sie hatte beträchtlichere und mächtigere Verteidigungsmittel angesammelt als jemals zuvor erobert.

An den bewohnten Punkten hatte man sämtliche Keller der Häuser bombensicher ausgebaut. Sie hatten lange Kommunikationstunnel, von denen einige eine Meile lang waren. Überall hatten sie beeindruckende Betonunterstände gebaut, die durch überdachte Gänge mit Schießscharten für Maschinengewehre verbunden waren, und hatten in ihren ersten Reihen sogar schwere Artilleriegeschütze stationiert. Die ganze Stellung galt als so uneinnehmbar, dass man in ihren unterirdischen Räumen eine sehr große Menge an Wintervorräten gelagert hatte. Die Topographie der Region war für den Bau von Verteidigungsanlagen ungewöhnlich günstig, und eine Reihe natürlicher Grotten wurden nutzbringend genutzt.

Innerhalb weniger Tage hatte eine starke Artillerie es einer heldenhaften Infanterie (die unter den Augen des amerikanischen Generals Pershing kämpfte) ermöglicht, den Widerstand eines Feindes zu überwinden, der sein Gelände mit einer Streitmacht von etwa neun Divisionen verteidigte. Diese Operation rechtfertigt einmal mehr unsere Behauptung, dass es unmöglich ist, Werke zu errichten, die absolut uneinnehmbar für Schüsse sind.

Um einen Eindruck von der Moral der Franzosen zu vermitteln, können wir nichts Besseres tun, als eine Passage aus einem Brief zu zitieren, der am 6. Oktober an der Front geschrieben wurde und den wir gerade von einem jungen Artillerieoffizier erhalten haben. „Sehen Sie sich die Kommuniqués an, die am oder um den 20. Oktober herum herausgegeben werden. Wir bereiten für die Boches ein Lied und einen Tanz vor, den sie nicht vergessen werden."

2. Allgemeiner Plan eines Verschanzungssystems. Die Beschreibung der Organisation der Linien, die wir im Folgenden geben, ist natürlich, wie das folgende Diagramm, rein erklärender und illustrativer Natur.

Südöstlich von Ailles

10. Februar 1917 – 14.30 Uhr

Es soll die Grundsätze des Grabenbaus darlegen und einen allgemeinen Überblick über ein System von Feldbefestigungen geben. Ein solches System unterliegt den Erfordernissen der lokalen Topographie und es ist daher unmöglich, genaue Maße und Entfernungen für die Grundrisse des Plans anzugeben.

Somit könnte man kein Gesetz formulieren, um den Abstand festzulegen, der die verschiedenen Linien einer verschanzten Position trennen sollte; und selbst hinsichtlich der Breite des Abstands zwischen zwei Gräben derselben Linie kann man kaum genauer sein; Denn so wichtig es theoretisch auch sein mag, den Graben breit genug zu machen, um zu verhindern, dass eine einzelne Granate Schäden an beiden Gräben anrichtet, lässt die Beschaffenheit des Bodens in der Praxis eine solche Vorsichtsmaßnahme nicht immer zu.

Das Auslegen der Gräben ist von sehr großer Bedeutung. Sie müssen so gebaut sein, dass sie keinem durchdringenden Feuer der feindlichen Kanonen ausgesetzt sind und stark genug sind, um dem größten Angriffswiderstand standzuhalten.

Zu lange und zu gerade Linien werden grundsätzlich vermieden. Der übliche Brauch besteht darin, den Grundriss einer Bastion mit abwechselnden Vorsprüngen und Wiedereintritten nachzubilden, eine Anordnung, die Flankenfeuer über die Vorderseite des Grabens hinweg ermöglicht (Abb. 1).

Die Wiedereinsteiger werden häufig zusätzlich befestigt, um sie für Angriffe unüberwindbar zu machen, so dass die Verteidiger nur die Vorsprünge besetzen müssen. Fortgeschrittene Schützengräben, die starkem Bombardement ausgesetzt sind, können so mit einer geringeren Anzahl an Männern verteidigt werden.

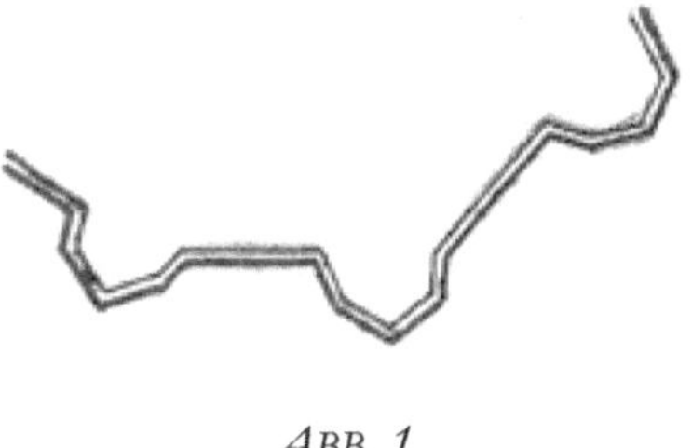

ABB. 1

Die Innenseite der Gräben ist in kurzen Abständen mit *Pare-éclats* oder Granatenschirmen versehen, die aus Erdstützen bestehen, die von *Tonnagen* oder Flechtwerken getragen werden und den Aktionsradius einer Sprengung so weit wie möglich begrenzen sollen Granate auf einen einzelnen Abschnitt des Grabens (Abb. 2).

Die Gräben haben unterschiedliche Abmessungen; Wenn jedoch die Zeit für ihre Konstruktion nicht begrenzt ist, kann Abb. 3 als Darstellung des am häufigsten verwendeten Typs angesehen werden. Die vorgelagerte Erde, lose oder in Sandsäcke gefüllt, bildet die Brüstung.

Da die Seiten der Gräben durch Witterungseinflüsse, insbesondere Regen, zum Einsturz neigen, müssen sie mit Holzstützen oder Drahtnetzen gestützt werden, die in Abständen von drei bis vier Metern auf Holz- oder Eisenpfosten gestützt werden.

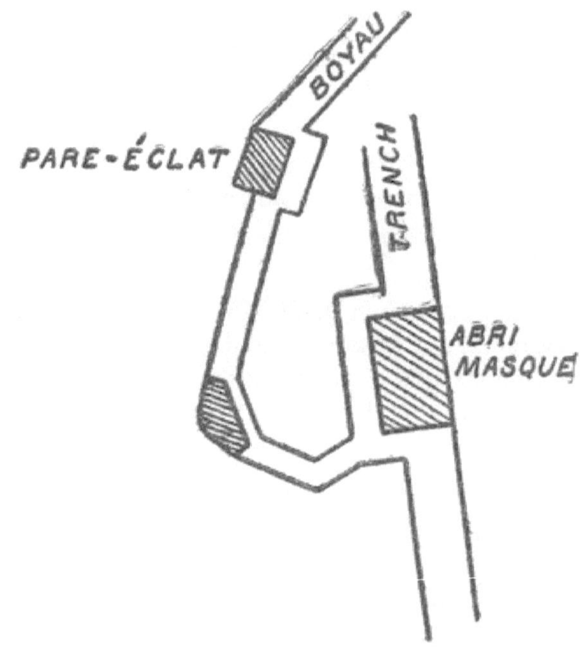

ABB. 2

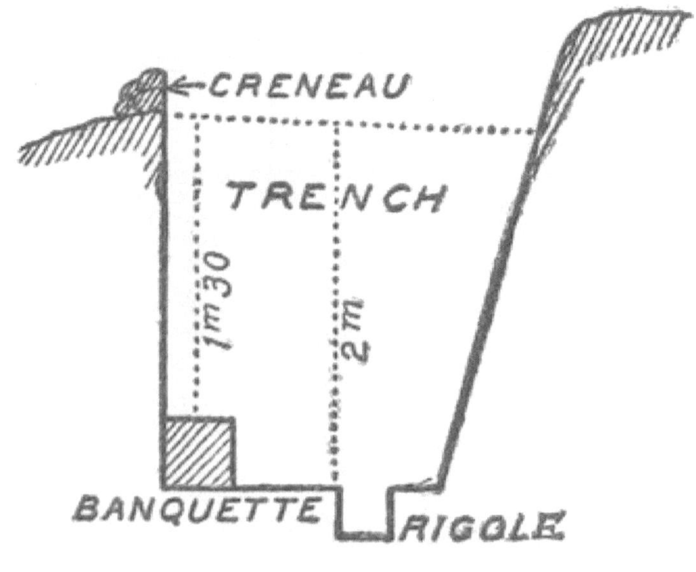

ABB. 3

In den sehr feuchten Regionen müssen zur Ableitung des Wassers kleine Abflüsse (*Rigolen*) und Senkgruben gegraben und die Gräben selbst mit offenen „Bodensteg"-Bodenbelägen versehen werden. Wenn die Zeit und die Materialknappheit nicht drängen, insbesondere im Winter, sollten alle möglichen Maßnahmen ergriffen werden, um zu verhindern, dass die Männer zu lange im Wasser stehen. Für erfrorene Gliedmaßen ist nicht nur Kälte, sondern auch Feuchtigkeit verantwortlich.

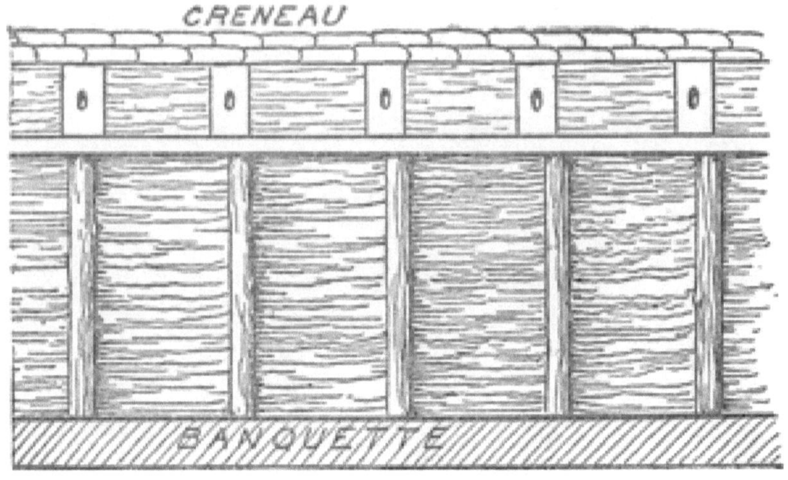

ABB. 4

In den Brüstungen von Schützengräben, die eine längere Lebensdauer haben sollen, werden Schießscharten durch Einsetzen von Stahlblechstücken mit Öffnungen geschaffen, die den Durchgang eines Gewehrlaufs ermöglichen. Jede Öffnung wird mit einer kleinen Tür verschlossen, die geschlossen bleibt, außer wenn die Schießscharte benutzt wird (Abb. 4).

Südöstlich der La Bovelle Farm

10. Februar 1917 – 14.30 UHR

Wenn es weder an Zeit noch an Material mangelt, werden die Maschinengewehrbunker (Abb. 5) in den Schützengräben in stationären oder drehbaren Stahlkuppeln installiert. Der Mechanismus des letzteren ist jedoch kompliziert und zu heikel, um ihn in den ersten Zeilen zu verwenden. Diese Kuppeln werden auch häufig als Beobachtungsposten genutzt und sind, wie wir später sehen werden, durch Tarnung so weit wie möglich vor den Augen des Feindes verborgen.

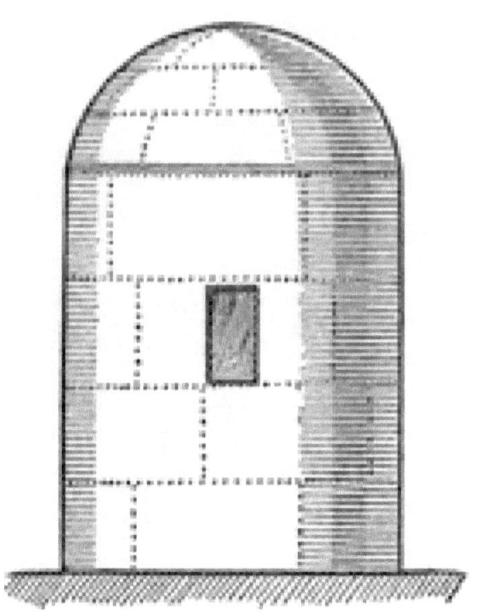

ABB. 5

Die erste Linie umfasst drei Stellungen bzw. Gräben. Der dem Feind am nächsten gelegene Schützengraben ist der vorgeschobene Schützengraben, und in geringer Entfernung dahinter liegen die Unterstützungsgräben. Nur noch wenige Männer sind als Wachposten in den vorgeschobenen Schützengräben stationiert. Vor diesen Gräben sind im Boden „Abhör-" oder „Wachposten" versteckt. Zwischen diesen Pfosten und den vorgeschobenen Gräben sind Stacheldrahtverhaue gespannt, deren Anzahl und Breite den Gefahren entspricht, die die Stellung bedrohen.

In den Schützengräben befinden sich Unterstande, die den Männern Schutz vor dem Feuer der Artillerie bieten. Viele Kommunikationsgräben oder *Boyaux* verbinden sie mit den vorgeschobenen Schützengräben und erleichtern so im Bedarfsfall deren schnelle Besetzung. In den vorgeschobenen Schützengräben werden Schutzräume für die Maschinengewehre errichtet. Das Gewehrfeuer wird durch Schießscharten geleitet, die durch die oben erwähnten Stahlplatten geschützt sind (Abb. 4), die auf 50 Meter schusssicher sind.

In einiger Entfernung hinter den Stützgräben und mit Blick auf diese wird das System der ersten Linie durch eine Reihe von „Widerstandszentren" verstärkt, die von Blockhäusern unterbrochen werden, die durch dicke Drahtgeflechte geschützt sind. Gut geschützte Maschinengewehre, von denen eine gewisse Anzahl die zur Front führenden Verbindungswege fegt, bilden ihre Hauptbewaffnung. Diese Blockhauslinie ist durch viele Kommunikationswege mit den davor liegenden Schützengräben verbunden.

Diese Widerstandszentren sollen das Vorrücken des Feindes aufhalten, wenn es ihm gelingt, in die drei vorderen Linien einzubrechen, und den Reserven Zeit für einen Gegenangriff geben.

Zwischen den Blockhäusern und dem Zweitliniensystem wird häufig eine befestigte Linie organisiert, die „Schutzlinie der Artillerie" genannt wird. Dies soll dazu dienen, den Vormarsch der feindlichen Infanterie, wenn diese das Frontsystem in Besitz nimmt, vor Erreichen der Feldbatterien abzuwehren oder ihn so lange zu verzögern, dass die Batterien zurückfallen können. Diese Linie wird von den Truppen des Sektors gehalten, die nicht zum kämpfenden Kontingent gehören.

Der Abstand vom ersten Grabensystem zum zweiten Grabensystem variiert je nach Bodenbeschaffenheit. Diese zweiten Linien sollten, wenn möglich, die ersten Linien übersehen, um sie unter ihrem Beschuss zu halten. Die gleichen Regeln gelten für die Platzierung der dritten Zeilen. In den Sektoren, die den Feind besonders zu interessieren scheinen, werden im Rücken sehr starke „Kontrollstellungen" vorbereitet.

Die Truppen, die die zweite und dritte Linie besetzen, sollten so weit wie möglich vor Bombardierungen geschützt werden. Deshalb sollten in diesen Schützengräben oder in deren unmittelbarer Nähe Schutzräume errichtet werden, die schwerem Geschützfeuer standhalten können.

Wir sagen mit Bedacht „in oder in der Nähe", denn es ist wichtig, die Unterstände so weit wie möglich vor dem Feind zu verbergen, und um dies zu erreichen, ist es kein Problem, sie etwas hinter den Schützengräben zu errichten, wenn … So kann das gewünschte Ergebnis erzielt werden. Oftmals ist dies lediglich notwendig, um einen günstigeren Boden für die Errichtung des Unterstands zu erhalten.

Der wichtigste Punkt, der hervorzuheben ist, ist, dass diese Unterstände durch Kommunikationswege verbunden sein sollten, die einen schnellen Übergang von den Unterständen zu den Grabenlinien ermöglichen.

In allen drei Linien sind, wenn der Boden geeignet ist, Beobachtungsposten aufgestellt, aber wie gut sie auch verborgen sein mögen, der Feind braucht nicht lange, um sie zu entdecken, und in der ersten Linie geschieht dies im Allgemeinen mit Hilfe verschiedener Arten von Periskopen Die Beobachtungen werden gemacht.

KOMMUNIKATIONSLEITUNGEN. Alle Schützengräben sind durch Kommunikationsgräben oder *Boyaux verbunden* , die die Truppenbewegungen vor dem Feind verbergen. Dabei handelt es sich lediglich um etwa zwei Meter tiefe Gräben, aus denen die Erde nach links und rechts oder nur auf eine Seite hinausgeschleudert wird. Sie folgen einer Zick-Zack-Linie, um keinem eindringenden Feuer ausgesetzt zu sein, oder sind, wenn sie gerade sind, in Abständen durch Erdschirme (*pare-éclats*) geschützt.

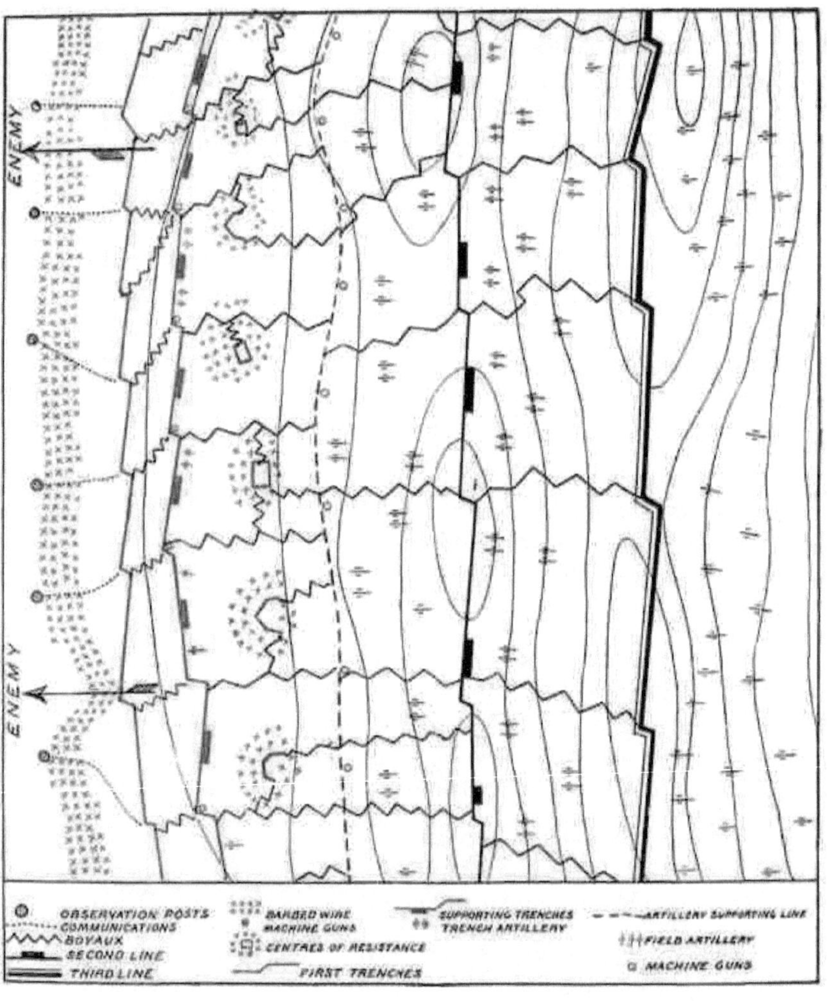

Diagramm der Kampagnenverstärkungen.

Die Tiefe oder Breite dieser „Gräben" hängt von deren Verwendung ab. Beispielsweise müssen solche, die zum Tragen von Verwundeten bestimmt sind, tief und breit sein.

Um eine Behinderung während des Angriffs auszuschließen und den von hinten anstürmenden Reserven einen freien und schnellen Durchgang zu ermöglichen, sollten sehr zahlreiche Kommunikationsgräben vorhanden sein. Einige sollten für die Vorwärtsbewegung und andere für die Rückwärtsbewegung vorgesehen sein. Jeder sollte einen Namen oder eine Nummer tragen und an seinen Enden sollten Pfeile die Richtung der Zirkulation anzeigen. Dadurch wird Verwirrung vermieden.

ANGRIFFSGRÄBEN. Wenn die gegnerischen Linien weit genug voneinander entfernt sind, ist es unmöglich, einen Angriff zu starten, ohne die Infanterie in Schlagdistanz gebracht zu haben.

Zu diesem Zweck wird eine ausreichende Anzahl von *Boyaux* in Richtung des Feindes gegraben, beginnend bei den vorgeschobenen Schützengräben, unter den Drahtverflechtungen hindurchgehend und in der erforderlichen Entfernung durch einen Quergraben miteinander verbunden. Dies ist der „Angriffsgraben", und zu gegebener Zeit werden darin Schritte unternommen, um den Truppen im Moment des Angriffs den Abzug zu erleichtern.

Diese Arbeit wird nachts durchgeführt und vorzugsweise, wenn möglich, von Truppen, die nicht am Angriff teilnehmen sollen. Die Männer führen diese Arbeit unter Deckung und Streifenwache durch.

ARTILLERIE. Die Artillerie wird je nach Größe zwischen den Linien oder dahinter platziert. Feldbatterien werden bis zur „Artillerie-Schutzlinie" vorgeschoben und in Position gebracht, um jederzeit bestimmte Teile der feindlichen Front zu beschießen. Sie werden entweder in der Erde vergraben oder unter Kasematten geschützt, wenn letztere vor dem Feind verborgen werden können.

Die Grabengeschütze werden aufgrund ihrer geringen Reichweite im Allgemeinen in den Stützgräben der ersten Linie platziert.

Die schwere Artillerie, die am weitesten hinten liegt, wird in Staffeln aufgestellt, entsprechend ihrer Größe und der ihnen zugewiesenen Einheit.

DRAHTVERFLECHTUNGEN. Die Breite der Drahtverflechtungen variiert erheblich. Ein gut gespannter Draht verhindert jeden Angriff und kann nicht unternommen werden, bis die Verwicklungen zerstört sind. Vor ihren neuen Linien an der Aisne, wo die Deutschen einfach die Stellung halten und jeden Gedanken an einen Vormarsch aufgegeben haben, haben sie acht oder neun Reihen Draht hintereinander gespannt, jede Reihe fünfzig Meter breit.

Überall dort, wo nur Verteidigung in Betracht gezogen wird, ist der Schutz durch Draht unerlässlich, aber es ist gut zu bedenken, dass sich zu viele Verwicklungen zum Zeitpunkt eines Angriffs als unbequem erweisen können. Wir haben gesehen, dass in solchen Fällen das Problem durch das Ausheben von Kommunikationsgräben unter den Leitungen gelöst werden kann.

3. Minen und Gegenminen. Seit sich beide Parteien eingegraben haben, wurden Minen und Gegenminen häufig eingesetzt, insbesondere im Jahr 1915 und teilweise im Jahr 1916.

Das Ziel der Mine besteht darin, den Feind in plötzliche Bestürzung und Unordnung zu versetzen und gleichzeitig einen vorgeschobenen Schützengraben oder ein Werk zu zerstören. Die Franzosen betrachteten die Mine als eine Waffe, mit der es möglich wäre, an bestimmten Stellen Mängel ihrer Linie zu beheben.

Sie verursachten für beide Seiten schwere Verluste, werden heute aber nicht mehr so oft genutzt, und zwar aus gutem Grund, weil dort, wo sich die Fronten seit 1914 nicht verändert haben, der Boden so stark gestört ist, dass es absolut unmöglich wäre, die notwendigen Ausgrabungen durchzuführen . Wir erinnern uns nur daran, dass die Briten im Juni 1917 vor ihrem Angriff auf Messines zwanzig Minen zündeten, von denen jede 23.000 Kilogramm Sprengstoff enthielt Die Explosionen waren schrecklich und erzeugten riesige Krater mit einer Tiefe von siebzig Metern und einem Umfang von mehreren hundert Metern.

Minen werden von Hand oder mit elektrischen Bohrern gegraben. Letztere haben den Nachteil, dass sie zu viel Lärm machen. Stark verbesserte Systeme von „Abhörposten" ermöglichen es, die Operationen des Feindes aufzuspüren und zu bekämpfen, und in allen Fällen, mit Ausnahme von Messines, wo die Briten ihre Stollen mehr als fünfzig Meter unter der Erde bohrten, verlief das Minengraben unter großen Schwierigkeiten.

Das beste Mittel, die Gefahr einer Mine, deren Bau entdeckt wird, zu neutralisieren, besteht darin, sie so schnell wie möglich zu erreichen, indem man eine „Gegenmine" aushebt und sie in die Luft jagt, bevor der Feind die Möglichkeit hat, sie auszulösen. Der Erfolg einer solchen Gegenmine wird als dem Feind zugefügte *Tarnung bezeichnet.*

Unserer Meinung nach werden Minen und Gegenminen im gegenwärtigen Krieg eine immer geringere Rolle spielen, aber es wird dennoch notwendig sein, dass unsere Armeen mit den Mitteln ausgestattet werden, um sie zu betreiben, wann immer das Kommando dies für ratsam hält.

4. Spezielle Eisenbahntruppen. – Transport auf der Straße. Seit Beginn des Krieges mangelt es in Frankreich an speziellen technischen Truppen, insbesondere für die Eisenbahnen. Ihr Antebellum-System reichte nicht aus, um die rasche Entwicklung der militärischen Operationen und die durch den Stellungskrieg entlang einer ausgedehnten Front erforderlich gewordenen Umstrukturierungen zu bewältigen.

Ein großer Teil der Bahnmitarbeiter wurde zunächst zur Unterstützung und Verstärkung der Bahntruppen mobilisiert. Dann musste nach einigen Monaten ein großer Teil dieser Männer zu ihren früheren zivilen Aufgaben zurückgeschickt werden, um das wirtschaftliche Leben des Landes sicherzustellen.

Während allein der Transport von Truppen einen täglichen Ausbau unserer Straßen- und Eisenbahnsysteme und eine ständige Aufmerksamkeit für Reparaturarbeiten in den Kampfgebieten erfordert, erfordern die industriellen Anstrengungen des Landes zur Ausrüstung und Bewaffnung der Millionen von Kombattanten auch eine enorme Eisenbahnaktivität. Da der Mangel an Arbeitskräften die Reparatur von Lokomotiven und Waggons verhindert und der Vorrat an aus Amerika verschifftem Rollmaterial nicht ausreicht, können die Franzosen nichts weiter tun, um ihre Eisenbahnschienen in gutem Zustand zu halten.

Es ist anzumerken, dass sich die Eisenbahnen Deutschlands aufgrund der bereits erwähnten intensiven und erzwungenen Nutzung ihrer Binnenstrecken in einem noch schlechteren Zustand befinden als die Frankreichs. Aus Mangel an Öl und Fett kann ein großer Teil ihres Rollmaterials nicht genutzt werden.

Um den Mangel an technischen Truppen auszugleichen, musste Frankreich auf seine „territorialen Einheiten" zurückgreifen, die sich aus Männern zusammensetzten, die nicht für die Front geeignet waren und in der Regel älter als 45 Jahre waren und die nach drei Jahren Krieg erschöpft waren viel Arbeit machen.

Diese kurze Zusammenfassung der Verhältnisse im Hinterland der französischen Front wird es den Amerikanern ermöglichen, die Notwendigkeit zu begreifen, in sehr großem Maßstab ein spezielles Eisenbahntransportkorps zu organisieren. Ohne den Verkehr auf den Hauptstraßen der Vereinigten Staaten zu beeinträchtigen, sollte es möglich sein, von Zivilingenieuren geleitete Eisenbahnregimenter mit separaten Einheiten für den Gleisbau, den Zugbetrieb und die Reparatur von Schienenfahrzeugen zu schaffen.

Die Pionierregimenter sollten ebenfalls in die Lage versetzt werden, in den von den Deutschen verwüsteten und verlassenen Gebieten rasch Feldkasernen aller Art zu errichten.

Darüber hinaus sollten sie mit der Errichtung von Krankenhaus- und Ambulanzgebäuden sowie mit deren Entfernung und Wiederaufbau betraut werden, wenn dem Feind neues Terrain entrissen wird.

TRANSPORT AUF DER STRAßE. Außer in der unmittelbaren Nähe der Linien, wo die Regimenter noch immer Pferde für den Transport zwischen den Lagern und Quartieren und den Versorgungsbasen einsetzen, erfolgt die gesamte Beförderung von Menschen und Material, die nicht auf der Schiene erfolgt, mit Motorfahrzeugen. Autos, in täglich steigender Zahl.

Nicht nur die Zahl der Eisenbahnen von hinten nach vorne wurde erhöht, sondern auch die parallel zur Front verlaufenden Kommunikationslinien. Da ihre Kapazität jedoch nicht ausreicht, um große Einheiten schnell von einem Teil der Front zum anderen zu bewegen, sollten Motorwagen in ausreichender Zahl vorhanden sein, um den schnellen Transport eines ganzen Armeekorps zu ermöglichen.

Es sollte einen ständigen Einsatz von Kraftwagen zwischen der Front und dem Hinterland geben, um die Aufgabe zu übernehmen, frische Truppen zur Linie und erschöpfte Truppen zu den Lagerplätzen zu bringen. Sie können auch dann mit großer Effizienz eingesetzt werden, wenn die Umstände an der Front den sofortigen Vormarsch von Reserven aus den verschiedenen Stützpunkten erfordern.

Wir werden später sehen, wie Kraftfahrzeuge zur Versorgung mit Nahrungsmitteln oder Munition eingesetzt werden. Für die Krankenhäuser, Krankenwagen und den Transport der Verwundeten werden viel mehr Autos benötigt.

Der Benzinverbrauch bleibt trotz der Unterdrückung der Missbräuche, die lange Zeit an der englisch-französischen Front vorherrschten, beträchtlich. Frankreich wird damit ausschließlich von den USA und Mexiko beliefert.

5. Allgemeine Bemerkungen zum Transport. Die Frage der Versorgung aller Art wird eine der Schwierigkeiten sein, die mit der Organisation der amerikanischen Armeen auf französischem Boden verbunden sind. Die Vereinigten Staaten müssen nicht nur Truppen von einem Kontinent auf den anderen verlegen, sondern auch alles transportieren, was für den Unterhalt ihrer Armeen, ihren Unterhalt, ihre Bewaffnung, ihre Artillerie usw. notwendig ist, ganz so, als ob sie erwartet würden in einem Wüstenland zu landen, in dem es am Nötigsten zum Leben mangelt.

Die amerikanische Regierung und der General-in-Chief waren sich von Anfang an der Schwierigkeiten bewusst, die sie erwarteten, und unmittelbar nach der Landung der ersten Truppen wurden sehr wichtige Arbeiten zur Verbesserung der französischen Landungshäfen und zur Verbesserung der Lage begonnen Vervielfältigung der französischen Eisenbahnen, wo immer nötig. Diese Arbeiten werden aktiv unter der Leitung amerikanischer Ingenieure durchgeführt.

6. Tarnung. Alles, was die Ausrüstung und den Einsatz von Truppen betrifft, muss so weit wie möglich vor den Blicken feindlicher Flieger verborgen bleiben. Die verschiedenen zu diesem Zweck eingesetzten Mittel werden als „Tarnung" (Verkleidung) bezeichnet.

Artillerie, Transportparks, Munitionsdepots, Lager, Kommunikationsstraßen usw. werden auf vielfältige Weise maskiert, nach dem allgemeinen Prinzip, dass das zu verbergende Objekt mit der Tönung des Bodens oder des Laubwerks verschmilzt oder mit dieser verschmilzt die Landschaft und meiden Sie das Auge. Abdeckungen aus Reisig oder Stroh stellen die einfacheren Formen der Tarnung dar, Gerüste, die künstliches Grün oder bemalte Leinwand tragen, die anspruchsvolleren Formen der Tarnung. Objekte, die unregelmäßig mit unterschiedlich farbigen Farbflecken versehen sind, sind auf eine bestimmte Entfernung praktisch unsichtbar – ein Trick, der der „Schutzfärbung" des Tierreichs entlehnt ist.

Dabei werden, wie in früheren Kriegen, häufig Batterien von Waffenattrappen eingesetzt, um den Feind zu täuschen.

Es ist äußerst wichtig, gute Beobachtungspunkte innerhalb der ersten Linien zu haben, von denen aus die feindliche Verteidigung mit starken Ferngläsern durchsucht werden kann. Um diesen Bedarf zu decken, wurden künstliche Bäume, Felsen usw. bereitgestellt, als die Natur nicht dazu in der Lage war.

Die Tarnung der französischen Armee wurde einem Spezialkorps professioneller Künstler anvertraut, das sich als äußerst nützliche Einheit erwiesen hat, da es notwendig ist, dass die geleistete Arbeit nicht nur das menschliche Auge, sondern auch die empfindliche Platte der Kamera täuscht.

KAPITEL IV
ZUSAMMENSETZUNG UND VERWENDUNG DER ARTILLERIE

1. Rückblick. Allgemeine Überlegungen.

2. Verschiedene Artilleriearten: Artillerie einer Armee; Artillerie eines Armeekorps; Artillerie einer Division; Grabenartillerie „Panzer" oder Angriffsartillerie.

3. Auftrag und Einsatz der Artillerie während einer Schlacht.

4. Flugabwehrartillerie.

5. Vor- oder Rücknahme der Batterien.

6. Fazit.

1. Rückblick. *Allgemeine Überlegungen.* In der französischen Armee hatten schon lange vor dem Krieg mehrere kluge und gut informierte Männer die Notwendigkeit einer großen, schweren Feldartillerie, ähnlich der deutschen, vorausgesehen.

Um an das Motto von General Pétain zu erinnern: „Die Artillerie erobert die Stellungen, die Infanterie besetzt sie" – diese einfache axiomatische Aussage zwingt offensichtlich zu der Schlussfolgerung, dass eine Armee über eine Artillerie verfügen muss, die in der Lage ist, jede Art von Festung effizient zu bombardieren.

Leider konnten nur wenige Menschen in der Regierung oder im Parlament dazu gebracht werden, über die Möglichkeit eines Krieges nachzudenken; So blieb diese Frage einer schweren Artillerie, obwohl sie in diesen Kreisen ständig erregt wurde, ungelöst.

Im Jahr 1914 spottete die überwiegende Mehrheit der französischen Nation, darunter nicht nur die Politiker, sondern auch zahlreiche Armeeoffiziere, über die Möglichkeit eines Krieges mit Deutschland. Das marokkanische Wirrwarr, der Krieg auf dem Balkan und die österreichische Eroberungspolitik waren für sie keine ausreichende Warnung. Dass die militärische Vorbereitung Frankreichs völlig unzureichend war und dass dies allein auf die Lethargie des nationalen Geistes zurückzuführen war, wird heute allgemein anerkannt. Im ersten Kriegsjahr waren wir nicht nur in der schweren Artillerie hoffnungslos unterlegen, sondern die Deutschen erbeuteten auch in Lille, Maubeuge und La Fère eine beträchtliche Anzahl unserer schweren Geschütze mit ihrer Munition und richteten sie gegen uns. Glücklicherweise können wir behaupten, dass sie sie mit sehr geringem Vorteil für sich selbst genutzt haben.

Vor dem Krieg existierten nur wenige schwere Artillerieregimenter. Zu ihrer Bewaffnung gehörten einige schnellfeuernde 155-mm-Kaliber. Rimailho-Geschütze, die zwar schnell im Einsatz waren, aber eine zu geringe Reichweite hatten. Andere Batterien waren mit 120 und 155 mm bewaffnet. Belagerungsgeschütze; Gute Typen, aber zu kleines Kaliber und zu langsam in der Aktion. Darüber hinaus wurden alle diese Geschütze Armeen zur Verfügung gestellt , die sie zu Beginn des Konflikts als Reservebestand betrachteten und sie im August und September 1914 zu weit von den Schlachtfeldern entfernt hielten.

Die Unmöglichkeit, den Sieg an der Marne fortzusetzen, öffnete der Regierung nach und nach die Augen für die Notwendigkeit einer sehr großen und schweren Artillerie, aber diese Notwendigkeit wurde erst im Herbst 1915 und dann weitgehend unter dem Einfluss des Beispiels offen zugegeben gegeben von unseren britischen Verbündeten. Sie hatten viel schneller begriffen, dass kein Sieg möglich sein würde, wenn nicht die Vorherrschaft in der Artillerie erreicht worden wäre, und hatten mit ihrer gewohnten kalten Entschlossenheit alle ihnen zur Verfügung stehenden Ressourcen für die Herstellung von Geschützen aller Art und für Berge von Munition eingesetzt.

Frankreich folgte dem Beispiel.

Die erzielten Fortschritte ermöglichten es uns, zunächst gegen die deutsche Artillerie zu bestehen, sie dann zu übertreffen und schließlich zu übertreffen.

Angesichts der begrenzten Mittel, die Frankreich durch die Invasion blieben, angesichts der Beschlagnahmung seiner lothringischen Eisenvorkommen und seiner reichsten Kohlengruben durch den Feind muss man zugeben, dass die von 1915 bis 1917 unternommenen Anstrengungen gigantisch waren.

2. Verschiedene Artilleriearten. Wir werden die Artillerie in drei Teile einteilen: die Artillerie einer Armee, eines Armeekorps und einer Division.

ARTILLERIE EINER ARMEE. Dazu gehört schwere Artillerie aller Größen. Allein die Heereseinheit verfügt über Geschütze mit einem Kaliber größer als 155 mm. Die Zusammensetzung der schweren Artillerie einer Armee ist sehr unterschiedlich, da die Anzahl der verschiedenen Kanonentypen, die einer Waffengattung zugeordnet sind, von den Umständen und der von ihr zu erwartenden Arbeit abhängt. Je nach Bedarf vor Ort befiehlt der Generalissimus daher, die schwere Artillerie von einer Heeresgruppe zur anderen zu verlegen. Ebenso kann der Chef einer Armeegruppe nach eigenem Ermessen solche Waffenübertragungen innerhalb seines Kommandos anordnen.

Wir finden in den Armeen Haubitzen und Mörser in den folgenden Größen: 220, 270, 280, 305, 370, 400 mm. (in Zoll: 8, 10, 11, 12, 14½ und 15¾). Bald werden wir 520 mm haben. Waffen (20½ Zoll). Es gibt auch Feldgeschütze mit einem Kaliber von 120 und 155 mm. kurz und 155 mm. lange (5 und 6 Zoll) und Marinegeschütze von 19, 100, 240, 274, 305 und 340 mm.

Die Artillerie einer Armee steht unter dem Kommando eines Generals.

Die Feldbatterien von 120–155 mm. bestehen aus vier Teilen; Haubitzenbatterien und Marinebatterien von 100 und 190 mm. bestehen fast immer aus zwei Teilen. Die größten Mörser und die schwersten auf Eisenbahnwaggons montierten Marinegeschütze arbeiten einzeln, und jedes Geschütz wird von mehreren Lastwagen begleitet, die sein Material und seine Munition transportieren.

ARTILLERIE EINES ARMEEKORPS. Die Artillerie eines Armeekorps steht unter dem Kommando eines Obersten. Es umfasst zwei Gruppen von 75 mm. Feldgeschütze, zwei Gruppen von 105 (4 Zoll) oder von 120 (5 Zoll) und eine Gruppe von 155 (6 Zoll), schnellfeuernd. Diese Artillerie wird im Bedarfsfall durch die schwere Artillerie verstärkt, über die die Armee verfügen kann. Der Oberst, der die Artillerie befehligt, übernimmt das Kommando über alle Batterien, gleich welcher Größe, die seinem Armeekorps momentan zur Verfügung stehen. Ihm obliegt insbesondere die Wahl des Bodens, auf dem die Batterien aufgestellt werden sollen, und er ist es, der die Rolle, die jede von ihnen bei der Aktion übernehmen soll, festlegen muss. Auch die Divisionsbatterien des Armeekorps stehen unter seinem Kommando, zumindest während der Vorbereitung der Angriffe. Es ist absolut unerlässlich, dass jeder Batterie ihr Ziel zugewiesen wird und dass es strengstens verboten ist, ihre Projektile unkontrolliert abzufeuern. So wird kostspieliger Abfall vermieden und ein konkreter Zweck erreicht.

Während sie sich auf ihren ersten großen Angriff im Somme-Sektor vorbereiteten, feuerten die Briten während einer mehrtägigen Artillerievorbereitung, die an Intensität alle bisher bekannten übertraf, eine große Anzahl von Projektilen ab. Zum Zeitpunkt des Angriffs bewies die britische Infanterie einen unbezwingbaren Mut und eroberte mehrere wichtige Stellungen, aber mangels ausreichender Konzentration des Artilleriefeuers auf die zu zerstörenden Punkte mussten sie auch schwere Verluste an Männern hinnehmen Es war ein hoher Preis für die erzielten Gewinne. Die britische Artillerie hat seitdem ihre Methoden geändert und, unterstützt durch eine beispiellose Luftwaffe, die Deutschen an der gesamten Front mit der Kraft und Genauigkeit ihrer Geschütze beeindruckt.

ARTILLERIE EINER DIVISION. Derzeit umfasst die Divisionsartillerie drei Gruppen von 75 mm. (jede Gruppe bestehend aus drei Batterien mit vier Geschützen), eine Gruppe mit drei Batterien mit vier schnellfeuernden 155-mm-Geschützen und eine Batterie mit Grabengeschützen, deren Anzahl und Größe variabel sind. Diese Artillerie steht unter dem Kommando eines Obersten.

Weiter unten werden wir über die Schwierigkeiten sprechen, die es bereitete, die schweren Geschütze durch das im März 1917 von den Deutschen verwüstete Land voranzutreiben. Die 75 mm. Nur die Feldartillerie konnte schnell genug vorrücken. Geschütze von 105 mm. hätte in der Lage sein sollen, den Truppen überallhin zu folgen und ihnen bis zum Eintreffen der schwereren Geschütze Hilfe zu leisten.

Die Artillerie einer Division wird in Stellung und bei aktiven Einsätzen durch die Artillerie des Armeekorps und des Heeres verstärkt.

Die größte Reichweite der Feldgeschütze beträgt 8500 Meter.

Die Reichweite der Haubitzen variiert zwischen 10.000 und 14.000 Metern.

Schwere Geschütze haben eine viel größere Reichweite. Die 380, die wir bald produzieren werden, wird eine Granate mit 150 Kilogramm Sprengstoff über eine Entfernung von 38 Kilometern schicken.

GRABENARTILLERIE. Zu dieser Artillerie gehören Spezialmörser, die in einem großen Winkel Projektile mit starkem Sprengstoff abfeuern. Ihre größte Reichweite beträgt nicht mehr als zwei Meilen. Sie werden hauptsächlich zur Zerstörung von Drahtverflechtungen, Frontgräben und Unterstanden eingesetzt. Ihre Größe variiert zwischen 58 und 340 mm.

Die Projektile sind mit Klingen versehen, die ihre Richtung in der Luft beibehalten, da die Kanonen, die sie abfeuern, nicht mit Gewehren versehen sind. Es handelt sich in Wirklichkeit um Lufttorpedos, die in Schützengräben und Verteidigungsanlagen aller Art enorme Zerstörungskraft haben.

Die Armeen verfügen über eine große Reserve an Grabengeschützen, die den Umständen entsprechend entlang der Front verteilt sind. Diese Batterien werden im Allgemeinen in den Stützgräben der ersten Linie platziert.

Mittlerweile kommen auch mit Druckluft betriebene Kleinmörser zum Einsatz. Ihre Reichweite ist begrenzt, für kurze Distanzen sind sie jedoch sehr zuverlässige und starke Waffen.

Aufgrund der großen Schwierigkeiten, schwere Artillerie in die Berge zu bringen, haben die Italiener Grabenmörser eingeführt, die sehr große Projektile über eine beträchtliche Entfernung abfeuern, und es ist ihnen gelungen, einige Exemplare zu bauen, die schwere Torpedos drei und vier Kilometer weit schleudern können.

„PANZER" (ANGRIFFSARTILLERIE). Panzer wurden zuerst von den Briten eingesetzt, denen sie sehr wertvolle Dienste geleistet haben. Sie waren nicht nur eine große Hilfe für ihre Infanterie, sondern hatten auch eine sehr deprimierende Wirkung auf die Moral des Feindes.

Ihr etwas zu großes Gewicht führte dazu, dass viele im schlammigen und ungünstigen Untergrund, über den sie arbeiten mussten, stecken blieben. Wir glauben, dass das ursprüngliche Modell nicht aufgegeben wurde, sondern dass in letzter Zeit leichtere Modelle gebaut wurden.

Bei ihrem Angriff auf die Aisne am 15. April 1917 setzten die Franzosen zum ersten Mal Panzer ein. Ihre Maschinen waren damals nicht ganz perfekt, und vielleicht aufgrund fehlerhafter Taktiken entsprach ihr Erfolg nicht den Erwartungen, aber Beim Angriff vom 5. Mai wurden sie besser gehandhabt und erwiesen sich im Gefecht als wertvoll. Die französischen Panzer wurden inzwischen verbessert und erfüllen nun voll und ganz ihren Zweck.

Es ist wichtig anzumerken, dass die Deutschen, die die Einführung von Panzern lange Zeit ablehnten, wahrscheinlich weil die Bewältigung dieser Monster von ihren Besatzungen Qualitäten verlangte, die bei den Boches nicht immer zu finden waren, kürzlich welche gebaut haben. Natürlich haben sie „kolossale" Ausmaße. Wir wissen noch nicht genau, welche Ergebnisse sie erzielt haben.

Aus ganz aktuellen Berichten geht hervor, dass die Franzosen beim Angriff vom 28. Oktober nordöstlich von Soissons Panzer einsetzten, die weitaus leichter waren als die zuerst eingesetzten. Die Erfahrungen des letzten Frühlings haben zu einem viel effizienteren Umgang mit ihnen geführt, und die ersten Berichte zeigen, dass diese Maschinen durch die Zerstörung zahlreicher Maschinengewehrbunker, die dem Feuer der Artillerie entgangen waren, den Vormarsch der Truppen erheblich erleichtert haben .

Es scheint uns, dass die richtige Taktik für Panzer nicht darin bestehen sollte, vor den Infanteriewellen vorzurücken und so, ohne ihnen zu nützen, das Sperrfeuer ihrer eigenen Artillerie zu behindern, sondern darin zu bestehen, leicht hinter den ersten Wellen zu folgen, um sie abzuschließen die Zerstörung der zahlreichen Nester deutscher Maschinengewehre, die es der Artillerie nicht immer gelang, sie zum Schweigen zu bringen, Hindernisse zu überwinden und den unvollständig zerstörten Draht abzuflachen.

Kurz gesagt, die Aufgabe der Panzer sollte darin bestehen, die Infanterie zu unterstützen und den Weg für ihren Vormarsch freizumachen.

3. Auftrag und Einsatz der Artillerie im Kampf. Die Aufgabe der Feldartillerie bei der Vorbereitung einer Offensive besteht darin, die Schützengräben der ersten Linie, die Kommunikationswege und die Drahtverflechtungen aufzureißen und die Maschinengewehre durch die Schießscharten ihrer Schutzräume zu orten und zum Schweigen zu bringen.

Wenn die Feldartillerie nicht mit größter Sorgfalt geführt wird, ist sie Gefahr, ihre Infanterie schweren Verlusten auszusetzen, die nicht nur an sich bedauerlich sind, sondern auch die Moral der Truppen erheblich beeinträchtigen.

Gerade deshalb, weil die 75 mm. Da es sich bei der Waffe um eine hochpräzise Waffe handelt, kann ihre Genauigkeit durch sehr geringfügige Ursachen wie atmosphärische Störungen sowie die Qualität und den Zustand der verschiedenen Pulver beeinträchtigt werden. Die Offiziere, die die Batterien befehligen, bereiten unmittelbar nach ihrer Ankunft in neuen Regionen auf der Grundlage der örtlichen Atmosphären- und Temperaturbedingungen Abschusstabellen vor, um das Abfeuern zu den verschiedenen Tageszeiten zu steuern. Sie korrigieren auch die Fehler, die sich aus den unterschiedlichen Treibeigenschaften der verschiedenen Pulver ergeben. In der Regel liefern alle zur gleichen Charge gehörenden Projektile ähnliche Ergebnisse.

Sobald es in Position ist, berechnet die Feldartillerie die Entfernung, die sie von den verschiedenen Punkten trennt, auf die sie möglicherweise schießen muss. Es erfüllt alle Wünsche der Infanterie, wenn sie über gefährliche Bewegungen des Feindes informiert wird; Ausführung schneller Sperrfeuer auf die signalisierten Ziele. Durch Sperrfeuer, etwa hundert Meter vor dem Vormarsch, schützt es die angreifenden Infanteriewellen. Es erhöht die Reichweite proportional zum Fortschreiten des Vormarsches. Die Gruppen von 105 mm. kann vorteilhaft eingesetzt werden, um die Wirkung der 75 mm zu verstärken. Feldartillerie.

Seitdem ist es gelungen, den Anteil auf 155 mm zu erhöhen. Bei Schnellfeuergeschützen wurden oft Batterien dieses Kalibers eingesetzt, um das Sperrfeuer der 75-mm-Kanonen zu verstärken. Waffen. Bei den jüngsten Operationen an der englisch-französischen Front wurde diese Kombination oft in großem Umfang eingesetzt, und zwar mit katastrophaler Wirkung, wenn rechtzeitig das Feuer auf zum Gegenangriff versammelte Truppen eröffnet wurde.

Schwere Artillerie spielt eine doppelte Rolle. Es ist eine Artillerie zur Zerstörung und eine Artillerie zum Gegenfeuer; es führt auch neutralisierendes Feuer aus. Es orientiert sich an den Informationen, die von Aufklärungsflugzeugen und Fesselballons geliefert werden.

Verheerendes Feuer wird auf wichtige Unterstände, Blockhäuser, Unterstände für Maschinengewehre und alles an der feindlichen Front ausgeübt, was den Vormarsch der Infanterie aufhalten kann.

Gegenfeuer unter der Führung derselben Behörden werden eingesetzt, um feindliche Batterien außer Gefecht zu setzen. Es ist tatsächlich sicher, dass derjenige der beiden Gegner, dem es gelingt, die gegnerische Artillerie zum Schweigen zu bringen, seine Kräfte leichter sammeln kann, und zum Zeitpunkt des Angriffs oder der Abwehr eines Gegenangriffs wird es die Aufgabe der Infanterie sein erleichtert die Durchführung.

Zum Zeitpunkt der Vorbereitung der Angriffe dauert das Feuer der verschiedenen Artillerien sieben und sogar acht Tage lang mit unverminderter oder sogar (falls erforderlich) zunehmender Intensität an.

Neutralisationsfeuer wird mit erstickenden Granaten erzeugt. Wenn die feindlichen Batterien durch vernichtendes Feuer gut getroffen wurden, besteht der schnellste Weg, sie vollständig außer Gefecht zu setzen, darin, die Kanoniere durch Neutralisierungsfeuer zu erschöpfen und sie so daran zu hindern, die Geschütze zu bedienen. Selbst mit gasdichten Masken sind die Männer aufgrund der Atembeschwerden sehr schnell erschöpft. Zu diesem Zweck wird mehrere Stunden lang ein Beschuss mit erstickenden Granaten aufrechterhalten.

Beispielsweise stand eines unserer französischen Armeekorps zum Zeitpunkt des Angriffs in der Nähe von Craonne am 5. Mai 1917 etwa 180 deutschen Batterien aller Größen gegenüber. Unser verheerendes Feuer hatte diese Batterien schrecklich beschädigt; Aber da die Deutschen an ihrer Ostfront ungestört waren, konnten sie jederzeit neue Batterien aufstellen und waren dennoch in der Lage, unserem Vormarsch in Richtung der Hochebene von Craonne entgegenzuwirken.

Auf der gesamten Länge unserer Front feuerte unsere Artillerie mit erstickenden Granaten, und einige Stunden später hatten mit Ausnahme von vier oder fünf alle deutschen Batterien aufgehört zu schießen.

Die Bedeutung der Verwendung erstickender Granaten kann sehr groß sein.

Kürzlich drang in der Champagne eine erstickende, große Granate durch ein Loch, das bei einem früheren schweren Granatenbeschuss entstanden war, in einen betonierten deutschen Tunnel ein und explodierte. Dieser Tunnel, der eine wichtige Garnison, bestehend aus zwei Kompanien und vielen Maschinengewehren, beherbergte, hatte bereits stark gelitten. Seine Ausgänge waren versperrt, aber er hielt noch durch.

Alle außer einem Mann erstickten und wurden vom Gas überrascht, bevor sie Zeit hatten, ihre Masken aufzusetzen. Ein französischer Chirurg, der durch das von der Granate verursachte Loch spähte und kein Lebenszeichen sah, kroch in die mit Leichen gefüllte Galerie und gab nach einer kurzen Erkundung den nächstgelegenen französischen Truppen ein Zeichen, dass sie sie besetzen könnten.

Es ist nicht ungewöhnlich, dass bei großen Angriffen die verschiedenen Artillerien in acht oder noch mehr Reihen aufgestellt wurden und das gesamte verfügbare Aussichtsfeld besetzten.

Die Besetzung des Hügels 304 im August 1917 ist ein eindrucksvolles Beispiel für die Ergebnisse einer gründlichen Koordination der verschiedenen Elemente zur Vorbereitung des Angriffs und zur Eroberung der Stellung.

Beginnend mit der systematischen Zerstörung der Verteidigungsanlagen des Feindes durch mehrere Tage dauernde Bombardierung, begleitet von einer sorgfältigsten Ortung seiner Batterien mit Hilfe aller möglichen Ermittlungsmittel (wie drahtlose Telegraphie, Fotografie, Ortung der Geschütze durch Licht usw.). Ton, Abfangen von Codesignalen, Befragung von Gefangenen usw.) gelang es den Geschützen unserer Gegenbatterien, nachdem sie diese verschiedenen Ziele ordnungsgemäß verteilt hatten, am Morgen des 24., das Feuer der deutschen Artillerie zu neutralisieren und die Verteidiger zu erschöpfen von Hügel 304.

Zum Zeitpunkt des Angriffs ermöglichten unsere Kampfflugzeuge, indem sie die Flugzeuge des Feindes weit über ihre Linien hinaustrieben, unseren Aufklärungsflugzeugen, das Feuer unserer 75-mm-Kanonen genau zu lenken. Kanonen und ermöglichte es den Flugzeugen, die die angreifenden Infanteriewellen begleiteten, nahe über dem Boden zu fliegen und den Feind in seinen Schützengräben anzugreifen.

Einer solchen Koordinierung aller unserer Bemühungen ist es zu verdanken, dass wir mit minimalem Verlust für unsere Truppen die wichtigsten Stellungen einnehmen können.

Die Deutschen haben die Möglichkeit, verlorenes Terrain durch Gegenangriffe in Massenformation zurückzugewinnen, was ihnen schreckliche Verluste gekostet hat. Die Feldartillerie spielt bei der Abwehr dieser Angriffe, die meist durch die Schnelligkeit und Kraft des Sperrfeuers unterbrochen werden, eine wichtige Rolle. Die Geschütze von 75 mm. werden durch die Gruppen von 105 und die Vernichtungsgruppen von 155 sowie je nach den Erfordernissen des Augenblicks durch Gegenbatterie oder Neutralisierungsfeuer der schweren Artillerie unterstützt.

4. Flugabwehrartillerie. Flugzeuge sind die zuverlässigsten und wirksamsten Waffen gegen Flugzeuge und Zeppeline, es ist jedoch unmöglich, jederzeit über eine ausreichende Anzahl von Maschinen zu verfügen, um das Eindringen des Feindes zu verhindern.

Hinter den Linien wurden spezielle Abschnitte von Flugabwehrgeschützen unterschiedlicher Größe (75, 47 und 37 mm) platziert, die auf speziellen Lafetten montiert sind, die vertikales Feuer ermöglichen. Ohne auf Einzelheiten einzugehen, können wir sagen, dass das Feuer dieser Geschütze so präzise ist, dass zwar nicht jedes angegriffene Flugzeug zerstört werden kann, die Projektile aber so dicht um sie herum prasseln, dass sie gezwungen sind, mit jeder Geschwindigkeit davonzufliegen. Jeden Monat wird eine bestimmte Anzahl Flugzeuge von diesen Geschützen abgeschossen.

Einer dieser Abschnitte traf im Februar 1916 einen Zeppelin in der Nähe von Verdun und brachte ihn zum Absturz; ein weiterer Abschuss in der Nähe von Compiègne im Frühjahr 1917, ein großer Zeppelin auf dem Rückweg aus England. Erst kürzlich wurden in Frankreich fünf Zeppeline, die von einem Angriff auf London zurückkehrten, von Flugzeugen und Flugabwehrkanonen abgeschossen. Wir erwähnen diese bekannten Ereignisse als Beweis für die unbestreitbare Überlegenheit des Flugzeugs gegenüber dem Luftschiff, das, wie wir wiederholen, nur auf See einen echten Militärdienst geleistet hat. Sie zeigen auch, dass durch die Erhöhung der Zahl der Flugabwehrabteilungen sowohl hinter der Front als auch in der Nähe der gesamten feindlichen Linie Angriffe auf offene Städte unmöglich gemacht werden können.

Die Deutschen haben kürzlich ein neues Geschütz erfunden, wahrscheinlich einen Mörser, der mit großer Genauigkeit und in großer Höhe eine große Ansammlung wirbelnder Feuerbälle abfeuert, von denen jeder einen potenziellen Feuerdurchmesser von fünf bis sechs Fuß hat. Der gesamte Cluster hat einen scheinbaren Radius, der etwa so groß ist wie die Ausbreitung eines Flugzeugs von Spitze zu Spitze. Diese neuen Projektile, bekannt als „Flammzwiebeln", wurden hauptsächlich an der britischen Front eingesetzt und scheinen keinen großen Schaden angerichtet zu haben. Sollten jedoch große Mengen von ihnen von großen, langsam fliegenden Flugzeugen abgefeuert werden, könnten sie dies tun gefährlich werden.

GEPANZERTE KRAFTFAHRZEUGE. Auf einigen gepanzerten Kraftfahrzeugen werden kleine Kanonen eingesetzt; auf anderen sind Maschinengewehre aufgestellt. Sie sollen die feindlichen Linien an bestimmten Stellen durcheinander bringen. Ihre Aktion muss schnell, plötzlich und kurz sein. Ihre Beweglichkeit ermöglicht es ihnen, dem Feuer der feindlichen Artillerie auszuweichen. Diese Fahrzeuge können im offenen

Feldeinsatz viel nützlicher sein als im Stellungskrieg. Sie werden vor allem als Hilfe für die Kavallerie nützlich sein, wenn diese wieder eingesetzt werden kann.

Jedes Infanterieregiment ist nun mit einem Abschnitt von drei 37 mm ausgestattet. Geschütze, die leicht, leicht zu bewegen und sehr genau sind, werden hauptsächlich, entweder alle zusammen oder im Verhältnis eines zu jedem Bataillon, gegen Maschinengewehre eingesetzt . Sie wurden von den Regimentskommandanten sehr geschätzt; Eine große Anzahl wird wahrscheinlich verteilt, sobald sie hergestellt werden können.

5. Vormarsch oder Rückzug der Artillerie. Eine der interessantesten Fragen für eine entstehende Armee wie die amerikanische Armee ist die nach der schnellen Bewegung der schweren Artillerie zu einem bestimmten Zeitpunkt.

Wir zögern nicht zu sagen, dass dieses Problem an der Westfront noch lange nicht vollständig gelöst ist und dass seine Untersuchung und Organisation eine sehr schwierige Aufgabe für die mit seiner Lösung betrauten Ingenieure sein wird.

Amerikanische Ingenieure müssen an die Westfront gehen und sich selbst davon überzeugen, welche Schwierigkeiten es zu überwinden gilt.

VORAUSZAHLUNG. Im Frühjahr 1917 musste die französische Armee an einer großen Front einen Feind verfolgen, der nicht nur das Land hinter sich bis zu einer Tiefe von 30 bis 35 Kilometern verwüstet hatte, sondern in dieser Wildnis auch alle Hindernisse angesammelt hatte, die ihrer Fantasie freien Lauf ließen könnte vorschlagen.

Die 75 mm. Nur der Feldartillerie gelang es unter großen Anstrengungen und enormen Verlusten an Pferden, wenn auch etwas spät, den Vormarsch unserer Infanterie einzuholen, der es gelungen war, überall vorzudringen.

Die Munitionsversorgungsabteilungen folgten ihren Batterien, allerdings langsamer; und einige Batterien, die unter großen und kontinuierlichen Anstrengungen in Position gebracht worden waren, verfügten über keine Munition.

Die einzige Möglichkeit, solchen Verzögerungen in Zukunft vorzubeugen, wird darin bestehen, ergänzende Pferdegespanne in Reserve zu halten, die getöteten zu ersetzen oder den Batterien und ihren Munitionsabteilungen durch die schlimmsten Passagen zu helfen.

Wir haben nicht das Recht, hier im Einzelnen auf die Schwierigkeiten einzugehen, die beim Vormarsch der schweren Artillerie auftraten. Wir wurden darüber durch eine vertrauliche Mitteilung des Oberkommandos informiert.

Obwohl in dieser vertraulichen Notiz alle aufgetretenen Schwierigkeiten im Detail dargelegt werden, gibt sie keinerlei Empfehlungen dazu, was in solchen Fällen in Zukunft zu tun ist.

Es besteht absolut kein Zweifel daran, dass die Deutschen überall dort, wo sie sich zurückziehen, versuchen werden, Hindernisse hinter sich anzuhäufen, wie sie es an der Somme und der Aisne getan haben. Die Frage des Vormarsches der verschiedenen Artillerien muss daher sehr sorgfältig geprüft werden. Es müssen Mittel gefunden werden , um dies zu gewährleisten und gleichzeitig den erforderlichen Munitionsvorrat in unmittelbarer Reichweite jeder Batterie zu halten.

Amerika wird, so groß seine Beteiligung am Krieg auch sein mag, niemals in der Lage sein, mehr als einen kleinen Teil seiner riesigen Bevölkerung zu mobilisieren. Im Gegensatz zu Frankreich wird es nicht gezwungen sein, die Aktivitäten des normalen Industrie- und Handelslebens einzustellen. Mithilfe von Technikern wird es ihr gelingen, alle benötigten Spezialtruppen auszubilden und vollständig mit Material zu versorgen. Es wird sogar in der Lage sein, einige davon an Frankreich zu leihen, das, nachdem es alle seine wehrfähigen Männer für den Einsatz an der Front oder im Hinterland mobilisiert hat, große Schwierigkeiten hat, die benötigten technischen Truppen zu rekrutieren.

Das Problem des schnellen Vormarsches der Artillerie soll durch eine Vergrößerung der Straßenbauanlagen gelöst werden. Ganz gleich, auf welche Schwierigkeiten und Hindernisse der Feind stößt, wir müssen in der Lage sein, mit möglichst geringem Zeitverlust große und solide Straßen in ausreichender Zahl zu bauen und Eisenbahnstrecken aller Spurweiten zu reparieren oder völlig neu zu bauen.

RÜCKZUG. Wir müssen immer die Möglichkeit einer Niederlage vorhersehen, alles vorbereiten, um sie zu mildern, und so wenig Waffen wie möglich in den Händen des Feindes lassen. Dieses Problem ist leichter zu lösen als das eines Vorstoßes auf den Feind, und um die verschiedenen Artillerien schnell zurückziehen zu können, genügt es, bei der Vorbereitung des Angriffs die Anzahl der zu entfernenden Straßen und Gleise vorherzusehen Die Batterien von vorne einlegen.

Diese Straßen und Eisenbahnlinien müssen von Spezialtrupps ständig in Ordnung gehalten und die durch Granaten verursachten Löcher sofort geschlossen werden.

Tatsächlich werden wir sehen, dass die perfekte Reparatur all dieser Kommunikationswege eng mit der Munitionsversorgung verbunden ist.

6. Fazit. Aus den bloßen allgemeinen Umrissen, die wir gerade über den Einsatz und die Aufgabe der Artillerie gegeben haben, können wir die folgende Schlussfolgerung ziehen:

Bis zum Ende des Krieges wird es notwendig sein, die Produktion von Waffen aller Größen, insbesondere der größten Kaliber, ständig zu steigern und einen Munitionsvorrat anzusammeln, der weit über den tatsächlichen Bedarf hinausgeht. Der Gegner, dem es gelungen ist, die gegnerische Artillerie zum Schweigen zu bringen, wird des Sieges sicher sein und ihn ohne die enormen Verluste an Menschenleben erringen, die alle Kombattanten seit Beginn des Krieges erlitten haben.

Diese Verluste sind, wie nebenbei bemerkt, durch den Einsatz wissenschaftlicherer Kampfmethoden in letzter Zeit erheblich verringert worden.

Die Übertragung schwerer Artillerie von einer Armee auf eine andere entsprechend den örtlichen Bedürfnissen hat viele Nachteile. Eine solche Praxis verhindert, dass das Oberkommando den Gegner über den tatsächlichen Angriffspunkt täuscht. Wenn die Artillerievorbereitung an den Fronten mehrerer Armeen für gleiche Zeiträume mit gleicher Intensität aufrechterhalten werden könnte, könnte der Feind unmöglich vorhersehen, welche der Armeen den Hauptschlag ausführen würde, und wäre über die Disposition seiner Reserven sehr in Verlegenheit geraten .

Es wird niemals möglich sein, an einer Front von 600 Kilometern im wahrsten Sinne des Wortes eine ausreichende Anzahl von Geschützen anzusammeln, um dies zu erreichen, aber durch die ständige Herstellung neuer Geschütze, durch die Erhöhung der Anzahl der Batterien und durch große Artilleriekonzentrationen an vielen voneinander entfernten Punkten wird dies möglich sein Der Feind wird im Ungewissen bleiben.

KAPITEL V
MUNITIONSVERSORGUNG

1. Skizze der Eisenbahnorganisation.

2. Organisation der Munitionsparks.

3. Divisionsparks. Ihre Organisation. Ihr Management.

4. Bedeutung der Munitionsversorgung.

5. Austausch und Reparatur von Waffen.

6. Verschiedene Munitionsprobleme.

Im gegenwärtigen Krieg ist die Versorgung mit Munition aller Art von so großer Bedeutung, dass wir es für angebracht gehalten haben, diesem Thema ein besonderes Kapitel zu widmen.

1. Skizze der Eisenbahnorganisation. Gemäß den Anweisungen des Hauptquartiers leiten die rückwärtigen Dienste die benötigte Munition an die „Verteilungsstationen" der verschiedenen Armeen weiter. Für jede Armee gibt es einen davon, ausgestattet mit den notwendigen Abstellgleisen und Höfen, wo alle von hinten kommenden Männer und Materialien sortiert und weiter vorne in der „Endzone" (zone d'étapes) oder „Kriegszone" verteilt *werden* . " Diese Zone erstreckt sich von der Verteilungsstation bis zur Front der von ihr versorgten Armee. Die Stationen innerhalb der Zone an den Gleisköpfen, direkt hinter der Front, sind die „Kriegsterminals" (*Stationen Têtes d'étapes de Guerre*).

Von dieser kurzen Skizze der Eisenbahnorganisation, die die Front versorgt, gehen wir zu einer Betrachtung der Kriegsgüter über, die sie befördert.

2. Organisation der Munitionsparks. Im Rücken jeder Armee befindet sich ein „Hauptartilleriepark", der sich an einem Punkt befindet, an dem eine einfache Kommunikation mit der Verteilungsstation und der dahinter liegenden Front möglich ist. Militärbahnen verbinden es mit den weiter entfernten „Army-Park Depots", die wiederum in ähnlicher Weise mit den „Army-Corps Parks" und diese wiederum mit den „Divisional Parks" verbunden sind. Die Militärbahnen breiteten sich also fächerförmig von den verschiedenen Stützpunkten bis zur Front aus, über einen Verteilungspunkt nach dem anderen.

Beim Transport der Munition aus dem Landesinneren an die Front kommt es zu keiner Vermischung der verschiedenen Geschossarten. Es gibt Munitionszüge für schwere Geschütze, andere für Feldgeschütze.

Der Transport der Munition auf der Schiene erfolgt auf folgende Weise. Die 75- und 105-Granaten werden in Holzkisten transportiert, aus denen sie entnommen werden, um dann in den Versorgungswagen untergebracht zu werden, die sie direkt zu den Batterien transportieren.

Die Granaten für die großen Geschütze werden in großen Mengen transportiert. Sie sind mit Sprengstoff gefüllt, die Sprengladung ist jedoch nicht angebracht.

Die Pulverchargen aller Größen werden in *Kupferbehältern transportiert* , um sie vor allen Risiken einer unbeabsichtigten Explosion zu schützen. Die Verteilungsstation schickt die Munitionszüge zu den Main Parks, wo sie auf Abstellgleise umgeleitet werden.

Diese Züge werden anschließend auf die Vorposten der Heeresparks verteilt, wo sie je nach den Umständen zur Bildung von Munitionsreserven entladen oder auf die Heereskorpsparks umverteilt werden.

Wenn in den Parks an der Front Nachschub benötigt wird, werden diese Züge meistens nicht in den Army Parks entladen, sondern zu den Army Corps Parks weitergeschickt.

Dort wird die Munition aus den Waggons entnommen und in sortierten Stapeln im Abstand von jeweils fünfzig Metern gestapelt; Stapel von Kisten für die Feldartillerie, Stapel von großen Granaten, Stapel von Knallpatronen und Stapel von Pulverbeutelkisten.

Die Armeekorpsparks sind mit der Versorgung der Divisionsparks betraut, mit denen sie durch kleine Eisenbahnen mit einer Spurweite von 60 Zentimetern verbunden sind.

3. Divisionsparks. Da wir die Division als Einheit betrachtet und ihre Bestandteile untersucht haben, werden wir auch den Divisional Park als Typus betrachten.

Sie verfügt über völlige Autonomie und verfügt über die Möglichkeit, Munition für Artillerie und Infanterie an die Batterien und Regimenter der Division zu verteilen. Es verfügt außerdem über Reservegeschütze und verfügt über die notwendige Ausrüstung zur Reparatur von Rädern, Wagen, Lafetten, Bremsen, Kraftfahrzeugen usw.

Lassen Sie uns die Rolle untersuchen, die ein Divisional Park bei der Vorbereitung einer Aktion spielt.

Da es vom Heereskorpspark ständig versorgt wird, ist es seine Aufgabe, eine ausreichende Reserve für die Batterien und Regimenter der Division aufrechtzuerhalten. Die Reserve sollte vollständig sein, wenn eine Schlacht beginnt.

Feldartillerie und Infanterie sollten durch Waggonzüge mit Munition versorgt werden. Sobald der Boden durch Granaten stark gepflügt ist, können tatsächlich nur noch Pferdefahrzeuge verkehren. Die häufige Notwendigkeit, neue Batterien einzubauen, führte zu einer erheblichen Verringerung der Anzahl der Waggonzüge. Sie wurden durch Autos ersetzt, die so nah wie möglich an den Batterien fahren. Diese schicken dann ihre Wagen den Automobilen entgegen und bringen die Granaten zu den Punkten, die der Offizier, der die Batterien befehligt, ausgewählt hat.

Die Munition für die schwere Artillerie wird auf Schienen mit einer Spurweite von 60 Zentimetern zu den Batterie-Versorgungsbunkern transportiert, von wo aus Gleise mit einer Spurweite von 40 Zentimetern, ausgestattet mit kleinen, speziell auf jede Batterie zugeschnittenen Sackkarren, sie direkt zu den Geschützen bringen. Diese Versorgungsunterstände, die stabil genug sind, um dem Granatenfeuer des Feindes standzuhalten, werden von jeder Batterie errichtet, sobald sie ihre zugewiesene Stellung fertiggestellt und besetzt hat.

Bei der Vorbereitung bereitet der Nachschubtransport kaum Schwierigkeiten, solange das Feuer des Feindes nicht sehr heftig ist. Sobald der Boden aufzureißen beginnt, müssen Bautrupps gerufen werden, um alle Kommunikationswege instand zu halten. Jede Batterie verfügt über eine eigene organisierte Munitionsreserve oder einen Versorgungsbunker, aus dem sie in den ersten Tagen der Operation die notwendigen Granaten beziehen kann, und die Parks bemühen sich mit allen Mitteln, diese Reserven weiterhin zu versorgen.

Die Munition für die Grabengeschütze wird durch ähnliche kleine handbetriebene Eisenbahnen zum Eingang der Schützengräben transportiert, und Patronen und Granaten für die Infanterie werden auf die gleiche Weise verteilt.

Wenn Zeit und Mittel es zulassen, ist es ratsam, diese kleinen Eisenbahnen mit einer Spurweite von 40 Zentimetern in den Schützengräben selbst zu betreiben, wenn diese für den Zweck ausreichend breit sind. Die von Männern geschobenen kleinen Lastwagen werden die Torpedos und andere Munition so weit wie möglich transportieren, aber wenn die Enge der Ausgrabungen dies nicht zulässt, müssen die Vorräte von Hand zu den am weitesten fortgeschrittenen Linien transportiert werden. Diese sehr mühsame Arbeit sollte nach Möglichkeit Männern aus rückwärtigen Regimentern überlassen werden, die nicht dazu bestimmt sind, an dem bevorstehenden Angriff teilzunehmen. Seit einem Jahr werden nordafrikanische Esel zum Transport der Munition durch die Kommunikationsgräben eingesetzt. Sie sind robuste Tiere, leicht zu fahren und ersparen den Truppen viel Arbeit.

4. Bedeutung der Munitionsversorgung. Um unseren Lesern eine Vorstellung von der enormen Arbeit zu geben, die mit dem Munitionstransport verbunden ist, fügen wir einige Zahlen bei, die von einer Feldbatterie stammen, die im März und April 1917 in den ersten Linien an der Aisne im Einsatz war.

Am 12. April betrug die Munitionsreserve dieser Vier-Kanonen-Batterie 2000 Granaten pro Kanone; *ich. e.* , 8000. Ab dem 15. erhielt die Batterie täglich 1500 Granaten. Am Abend des 19. waren nur noch 1700 Granaten übrig. Die Batterie hatte also vom 12. bis 19. etwa 3600 Granaten pro Geschütz abgefeuert. Dies ist eine normale Zahl und erklärt, warum in wenigen Stunden Millionen von Granaten an einer großen Front abgefeuert werden.

VORSICHTSMASSNAHMEN. Die enorme Menge an Projektilen und Vorräten aller Art in den verschiedenen Parks verhindert, dass sie geschützt oder gar versteckt werden können, und um Unfälle durch Explosionen zu begrenzen, sind die Munitionsstapel weit voneinander entfernt . Um sie vor der feindlichen Fliegerei zu verstecken, werden bemalte Tücher oder grün oder braun gefärbte Gräser über sie geworfen, um das Auge zu täuschen.

Aus irgendeinem Grund hat die feindliche Luftfahrt unseren verschiedenen Munitionslagern keinen großen Schaden zugefügt. Der Schaden beschränkte sich in der Regel auf die Explosion der direkt getroffenen Stapel, obwohl es einem deutschen Flieger zu Beginn der Operationen an der Somme gelang, einen großen Park von allen im Rücken der englischen Linien vollständig zu zerstören Arten und Größen von Muscheln.

Die Alliierten haben auch oft die Explosion deutscher Munitionsdepots verursacht, doch der angerichtete Schaden hielt sich allem Anschein nach stets in Grenzen.

5. Ersetzen der Waffen. Wir haben gerade gesehen, dass einige Feldgeschütze in wenigen Tagen bis zu 3600 Schüsse abfeuern. Zusammen mit der Schnelligkeit des Abfeuerns (manchmal fünfzehn Schüsse pro Minute bei Sperrfeuern) erklärt dies den schnellen Verschleiß der Geschütze, deren Metall sich durch die Hitze zersetzt.

Trotz der Qualität des Stahls verschleißen die Waffen und platzen schließlich. Es ist von größter Bedeutung, diejenigen zu ersetzen, die durch Abnutzung oder durch das Feuer des Feindes außer Dienst gestellt wurden.

Diese Pflicht liegt beim Divisional Park, der über eine für alle Bedürfnisse ausreichende Reserve verfügen muss. Der Park muss auch bereit sein, alle Waffen zu reparieren, die nicht so schwer beschädigt sind, dass ein Rücktransport in den Army Park erforderlich ist.

Die Batterie, auf deren Munitionsverbrauch wir bereits hingewiesen haben, musste vom 12. bis 19. April folgende Änderungen vornehmen:

Zwei Geschütze wurden durch das Feuer des Feindes außer Dienst gestellt;

Eine Waffe explodierte;

Sieben Geschütze mussten zur Reparatur ihrer Mechanik oder Lafette, die außer Betrieb war, in die Parks geschickt werden.

Wenn nur der Mechanismus, die Räder oder ein Teil der Lafette beschädigt sind, erfolgt die Reparatur schnell; wenn die Geschütze jedoch explodiert sind oder durch das Feuer des Feindes zerschlagen wurden, müssen sie neu gegossen werden.

Kurz gesagt, eine Batterie mit vier Kanonen verbrauchte in sieben Tagen zehn Kanonen; Es ist jedoch zu beachten, dass von diesen zehn Geschützen nur drei vollständig außer Dienst gestellt wurden (zwei der Lafetten konnten wieder verwendet werden) und bei zwei Geschützen lediglich ein Rohrwechsel erforderlich war.

Dennoch unterstreichen diese Zahlen die Notwendigkeit, dass die Parks einen großen Vorrat an Reservegeschützen vorrätig haben und Werkstätten für die sofortige Reparatur leicht beschädigter Teile unterhalten.

Das Umrüsten der Waffen ist eine Arbeit, die nur in den Fabriken der Armee durchgeführt werden kann. Das innere gezogene Rohr wird, während es weiß erhitzt ist, entfernt und durch ein neues Rohr ersetzt, das neu gezogen wird. Das Geschütz ist dann so gut wie neu, aber wenn das Außenrohr, das den Widerstand des Geschützes darstellt, durch Projektile gebrochen ist, ist das Geschütz nicht mehr zu reparieren und muss zum Nachguss nach hinten geschickt werden.

Der Austausch der so außer Dienst gestellten Geschütze dauerte bei schwerstem Bombardement nicht länger als zwei Stunden.

Das Studium der oben genannten Einzelheiten wird die Notwendigkeit zeigen, für den Fall, dass intensives und konstantes Feuern erforderlich ist, die größtmögliche Reserve an Feldbatterien an den Stellen anzusammeln, die einen großen Aufwand erfordern. Wenn, was häufig vorkommt, mehrere Batterien vorübergehend außer Betrieb sind, müssen die umliegenden Batterien ihr Feuer verstärken. Sperrfeuer, fast ausschließlich die Arbeit der Feldartillerie, müssen schnell, kontinuierlich, präzise und konzentriert erfolgen.

6. Verschiedene Munitionsprobleme. Um Verzögerungen beim Zielen und Schießen zu vermeiden, ist es unerlässlich, darauf zu achten, dass die Munition aller Größen, die den Batterien zugeführt wird, so weit wie möglich derselben Ausgabe und denselben Verladefabriken angehört. Diese Regel wird strikt eingehalten, außer im Falle materieller Unmöglichkeit.

In Frankreich erhalten Parks im Allgemeinen Chargen von 5000 Granaten, die alle in derselben Fabrik geladen werden und mit Etiketten versehen sind, anhand derer die Kanoniere feststellen können, dass die Projektile zu derselben Charge gehören. zu einem bestimmten Datum und in einer bestimmten Fabrik geladen werden.

Nach ein paar Probeschüssen werden die Batteriekommandanten die Wirkung einer bestimmten Menge Granaten erkennen und ihre Geschütze entsprechend ausrichten.

Auf die Einzelheiten der Artilleriepraxis können wir hier nicht eingehen. Das Studium muss in den Schulen unter der Leitung von Spezialisten begonnen werden; Die praktische Anwendung muss in den Lagern erfolgen. Diese detaillierte Unterweisung wird jetzt in den Lagern Frankreichs und Amerikas den neuen Rekruten von alliierten Offizieren erteilt, die alle an der Front eine große Erfahrung in allem, was die Artillerie betrifft, erworben haben.

Waffen spielen im gegenwärtigen Krieg eine überwiegende Rolle, und die Kombattanten verbessern sie unaufhörlich.

Gegenwärtig steht die französische Feldartillerie zweifellos an erster Stelle aufgrund der Genauigkeit und Effizienz ihrer Geschütze und Projektile, deren Vorbilder von den Vereinigten Staaten übernommen wurden.

Die schweren Artillerien Frankreichs und Englands sind den deutschen inzwischen qualitativ in jeder Hinsicht deutlich überlegen und geschickter zu handhaben.

Die schwere englische Artillerie, die jederzeit von zahlreichen mutigen Fliegern unterstützt wird, kann ihre Konzentrationsfeuer auf ein sehr hohes Maß an Intensität und Effizienz entfalten, und wir können aufgrund persönlicher Informationen behaupten, dass es während dieses Krieges an keiner Front eine solche gegeben hat ein gewaltiges Trommelfeuer, wie es von der französischen Artillerie zwischen dem 18. und 22. Oktober 1917 nordöstlich von Soissons ausgeführt wurde.

Die Deutschen, die zu Beginn des Krieges eher schlechte Kanoniere waren, haben ihr Material und insbesondere ihre Schussmethoden verbessert, indem sie offen die der französischen Artillerie übernommen haben. Sie verfügen über eine schwere Artillerie, die ebenso zahlreich wie mächtig und vielfältig ist, und wenn es ihnen gelingt, ihr Feuer zu systematisieren, sind die Auswirkungen grausam.

Aus diesem Grund beenden wir dieses Kapitel mit der Wiederholung:

Lassen Sie uns noch mehr Kanonen, noch mehr Munition und noch mehr Flugzeuge zur Unterstützung unserer Artillerie haben.

KAPITEL VI
INFANTERIE

1. Waffen der Infanterie: das Gewehr; das Maschinengewehr; das Maschinengewehr; das Bajonett; die Granate; das Grabenmesser; die automatische Pistole.

2. Unterweisung der Truppen. Pflichten der Offiziere. „Stoßtruppen."

3. Die Infanterie einer Division: die Front; getroffene Verfügungen; stürmende Truppen; Besatzungstruppen; offensive oder defensive Einsätze; Vorbereitung von Angriffen; längere Engagements; Kommandoposten; Signalisierung; Bataillone und Kompanien; Subalterne Stäbe.

4. Ein Wort zur Kavallerie.

1. Waffen der Infanterie. Dieser Krieg hat die Bewaffnung und damit auch die Kampfmethoden der Infanterie völlig verändert.

GEWEHR. Im Jahr 1914 wurde der französische Soldat mit dem Gewehr des Musters von 1886 bewaffnet, nicht umgebaut; *ich. e.*, eine Repetierpistole mit handgefülltem Magazin. Es war eine ausgezeichnete Waffe, die lange Zeit im Einsatz war, aber zu viele von ihnen hatten durch Abnutzung ihre Genauigkeit verloren. Seit 1914 wurden diese Gewehre durch andere des gleichen Modells mit Ladeklammern ersetzt.

MASCHINENGEWEHRE. Zu Beginn betrug die Anzahl der Maschinengewehre pro Infanterieregiment sechs. Lange Zeit wurden sie im Verhältnis zwei pro Bataillon verteilt; Dann wurde beschlossen, sie zu einer Batterie unter dem Kommando des Obersten zusammenzustellen.

Diese Beschränkung auf sechs Maschinengewehre pro Regiment brachte Frankreich in eine sehr große Unterlegenheit gegenüber den Deutschen, die in jeder Division über Reserven an Maschinengewehrkompanien verfügten.

Die ersten Gefechte zeigten die wichtige Rolle der Maschinengewehre, und Frankreich bereitete sich darauf vor, große Mengen davon bereitzustellen. Allerdings blieb es in dieser Hinsicht lange Zeit in einem Zustand der Unterlegenheit, aufgrund der Fortschritte in der Ausrüstung der Deutschen und auch, weil von den drei verschiedenen Modellen, die angenommen und gebaut wurden, zwei nicht stark genug waren Stellungskrieg aushalten. Diese Modelle lieferten enttäuschende Ergebnisse, aber das Übel wurde nun behoben.

Jede Maschinengewehrfirma ist jetzt mit sechzehn Gewehren ausgestattet – eine Zahl, die unserer Meinung nach für die

Maschinengewehrfirma in Amerika übernommen wurde. Da Frankreich nun über ausgezeichnete Modelle verfügt, werden die US-Truppen, die schon vor dem Krieg über gute Waffen verfügten, zweifellos eine leistungsfähige Ausrüstung erhalten. In diesem Krieg ist es notwendig, dass die Bestandteile eines Maschinengewehrs und seiner Munition leicht zu transportieren sind.

Trotz ihrer verringerten Schlagkraft sind die Deutschen immer noch in der Lage, die Zahl ihrer Maschinengewehre zu erhöhen, und sie erwägen, ihre Zahl von 24 auf 34 pro Kompanie zu erhöhen. Aller Wahrscheinlichkeit nach werden die Alliierten sehr bald ihre eigenen Maschinengewehrbatterien verstärken müssen. Eine Batterie kann selten alle ihre Geschütze gleichzeitig abfeuern, da diese nach dem Abfeuern von etwa fünfhundert Schuss zu heiß werden und weil sie, besonders wenn sie über schlammigem Boden operieren, leicht klemmen und daher bis zu den Schützen außer Betrieb bleiben können kann sie in einen funktionstüchtigen Zustand versetzen.

Aus diesen Gründen schrieben die Antebellum-Vorschriften vor, dass Maschinengewehre paarweise arbeiten sollten, so dass immer eines bereit wäre, das Feuer zu übernehmen, wenn das andere aus irgendeinem Grund außer Gefecht gesetzt werden sollte.

An dieser Regelung wird weiterhin festgehalten, jedoch nur soweit die Umstände dies zulassen. In Notfällen, beispielsweise wenn ein Angriff abgewehrt werden muss, ist der gleichzeitige Einsatz aller Geschütze erforderlich, insbesondere gegen einen Feind, der über eine Überzahl gleichartiger Geschütze verfügt.

Jeder Kriegführende hat viele Maschinengewehre und viel Munition vom Feind erbeutet. So verfügt Frankreich über vollständige deutsche Batterien, und Deutschland besitzt sowohl französische als auch englische Batterien.

Der wesentliche konstruktive Unterschied zwischen den deutschen und französischen Maschinengewehren besteht im Mechanismus zur Kühlung der Geschütze; Die Deutschen nutzen zu diesem Zweck die Wasserzirkulation und die Franzosen die Luftzirkulation.

Um schwere Verbrennungen durch Kontakt mit den Geschützläufen zu vermeiden, tragen die Kanoniere Handschuhe, die mit sehr dickem Stahlpanzer bedeckt sind.

Wir haben Fotos von amerikanischen Maschinengewehrbatterien gesehen, die auf Motorrädern transportiert wurden. Die Franzosen wenden diese Methode nicht mehr an, und obwohl sie sich in Mexiko als ausgezeichnet erwiesen hat, ist sie an der französischen Front völlig undurchführbar.

Der Boden ist über weite Strecken hinter den Verteidigungslinien durch anhaltende Bombardierungen so aufgerissen und unpassierbar geworden, dass Kraftfahrzeuge nicht durchkommen können. Von Pferden gezogene Fahrzeuge können viel näher heranfahren, aber am Eingang der Kommunikationsgräben muss sogar der Packtransport aufgegeben werden, und von diesem Punkt an (in Ermangelung moderner Geräte wie handbetriebene Schmalspurgleise oder Packesel) alles Kriegsmaterial muss auf dem Rücken der Männer zu den Vormarschlinien transportiert werden. Bei einem Vorstoß über die Front würden sich die Schwierigkeiten verdoppeln, da das zerstörte Gelände hinter den feindlichen Linien überquert werden müsste.

Der Packtransport eignet sich daher am besten für Maschinengewehrbatterien und deren Vorräte. Wenn die Anzahl der Pferde oder Maultiere nicht ausreicht, können leichte Fahrzeuge eingesetzt werden, die jeweils von einem einzelnen Tier gezogen werden; insbesondere für die Maschinengewehrabteilungen, die mehr oder weniger dauerhafte Positionen besetzen sollen.

Um seine Verluste auszugleichen, hat Deutschland die Zahl seiner Maschinengewehre ständig erhöht und sie als Verteidigungswaffe eingesetzt, um den Vormarsch des Feindes einzudämmen und seine Stellungen mit einer kleinen Anzahl von Männern halten zu können.

Deutschland scheut sich nicht, Maschinengewehre zu opfern, um Zeit zu gewinnen, und oft fand man deutsche Maschinengewehrschützen in ihren Bunkern an ihre Gewehre gekettet und war so gezwungen, ihnen zu dienen, bis sie vom Feind getötet oder freigelassen wurden.

Maschinengewehre und Granaten sind sicherlich die stärksten Waffen gegen anstürmende Wellen. Selten werden die Aufklärungsflugzeuge alle zahlreichen Maschinengewehrbunker entdecken. Einige von ihnen bleiben nach einem Bombardement immer stehen, um zum Zeitpunkt des Infanterieangriffs Aktivität zu zeigen.

Die Briten haben ihre Panzer sehr effizient zur Zerstörung dieser verbliebenen Maschinengewehrposten eingesetzt. Die Franzosen haben begonnen, sie vorteilhaft zu nutzen. Wenn die Amerikaner perfektioniert in den Krieg eintreten und von der Erfahrung ihrer Alliierten profitieren, werden sie bei ihrer Ankunft an der Front in der Lage sein, gut konstruierte und gebaute Panzer zur Unterstützung ihrer Infanterie einzusetzen. Panzer werden zu immer unverzichtbareren Waffen, und ihr allgemeiner Einsatz wird der Infanterie schwere Verluste an Menschenleben ersparen. Die Deutschen haben jetzt welche.

MASCHINENGEWEHRGEWEHR. Zur Bewaffnung der Infanterie kam 1916 eine neue Waffe hinzu. Es handelt sich um das Maschinengewehr, das nicht mit dem automatischen Gewehr (Repetiergewehr) zu verwechseln ist.

Es ist viel leichter als das Maschinengewehr, kann nur von einem Mann getragen und bedient werden, lässt sich leicht bewegen und ist, wenn es richtig eingesetzt wird, eine äußerst gefährliche Waffe.

Zum Schießen legt sich der Mann hin (wenn möglich hinter einen Unterschlupf) und hebt den Kolben an seine Schulter, wobei der vordere Teil der Waffe auf einer sehr kurzen Gabel ruht. Maschinengewehre werden hauptsächlich gegen Maschinengewehre eingesetzt.

Es gibt verschiedene Arten von Maschinengewehrgewehren. Das Beste ist zweifellos die mit einer Platte versehene Platte mit fünfundzwanzig Patronen, die sich auf der Rückseite der Waffe um eine vertikale Achse dreht und die fünfundzwanzig Patronen abfeuert. Bei jedem Schuss macht die Platte 1/25 Umdrehung und lässt eine neue Patrone in den Lauf fallen. Wenn die Platte leer ist, wird sie sofort entfernt und durch eine zuvor geladene Platte ersetzt.

Die Erfahrung zeigt, dass Maschinengewehrgewehre nur dann gute Ergebnisse liefern, wenn sie in den Händen kühler und klarsichtiger Männer sind, die mit ihrer Handhabung gut vertraut sind, dass sie jedoch nicht so gut sind wie die gewöhnlichen Gewehre in den Händen afrikanischer Truppen.

DAS BAJONETT. Die gesamte Infanterie benutzt das Bajonett, eine Waffe, die im gegenwärtigen Krieg ihre volle Bedeutung behalten hat. Am gefährlichsten gehen französische und russische Soldaten mit dem Bajonett um. Die Deutschen sind darin nicht so geübt.

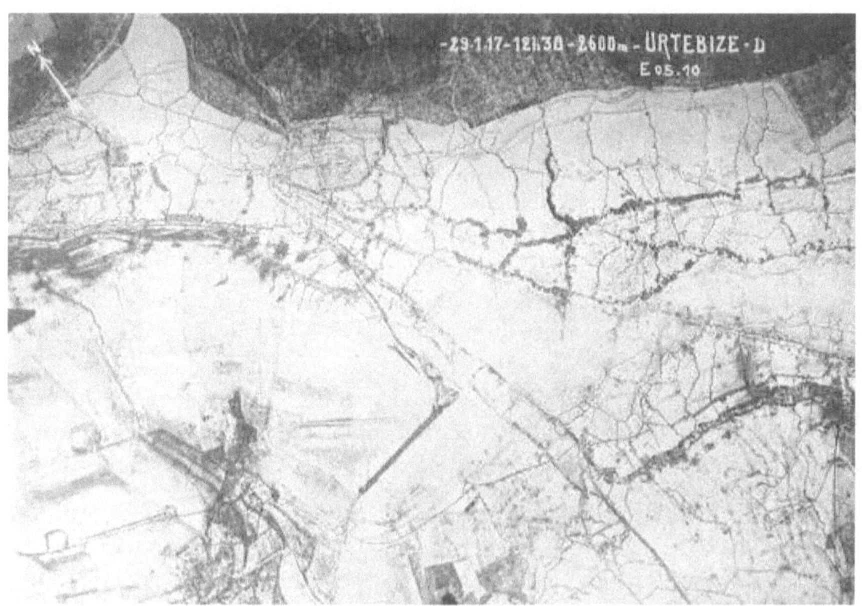

Urtebize

29. Januar 1917 – 12.30 UHR

Den Männern muss eine sehr detaillierte und gründliche Unterweisung in der Bajonettpraxis gegeben werden, aber da die amerikanischen Truppen im Besitz eines sehr vollständigen Handbuchs zu diesem Thema sind, werden wir nicht näher darauf eingehen.

GRANATEN. Eine neue Waffe (oder besser gesagt eine alte, wiederbelebte), die eine sehr wichtige Rolle bei den Aktionen der Infanterie spielt, ist die Granate. Es gibt viele Arten, aber sie können entweder als Offensiv- oder Defensivgranaten klassifiziert werden. Die erstere Art ist nicht so zerstörerisch wie die letztere. Sie sind leichter, können über eine größere Distanz geworfen werden und dienen dazu, den Feind daran zu hindern, aus seinen Unterständen und Schützengräben herauszukommen, wenn die Angreifer ihn erreichen. Die äußerst zerstörerischen Abwehrgranaten werden gegen angreifende oder gegenstoßende Truppen eingesetzt. Manche werden mit der Hand geworfen, andere mit dem Gewehr. Gut ausgebildete Soldaten können Granaten bis zu einer Entfernung von fünfzig und fünfundfünfzig Metern werfen.

Gewehrgranaten werden durch die Vortriebskraft einer gewöhnlichen Patrone geschleudert. Eine spezielle Vorrichtung an der Mündung des Gewehrs spannt die Granate sozusagen, indem sie durch das Geschoss aus dem Lauf getrieben wird, sodass sie beim Auftreffen auf den Boden explodiert. Sie reicht weiter als die Handgranate.

Kürzlich hat General Pershing zu Recht die Notwendigkeit betont, die Treffsicherheit der Rekruten zu perfektionieren. Zu dieser Leistung und Geschicklichkeit im Umgang mit dem Bajonett, die dem Soldaten Selbstvertrauen, Geschmeidigkeit und Beweglichkeit verleiht (Eigenschaften, die sich die Deutschen nicht leicht aneignen), sollte eine gründliche Ausbildung im Granatenwerfen hinzugefügt werden, einer Sportart, die ... fesselt sofort diejenigen, die es praktizieren. Hervorragende Ergebnisse werden durch die Vergabe von Preisen für Granatenübungen sowohl für die Distanz als auch für die Treffsicherheit gesichert. Der französische Soldat gibt sich mit wenig zufrieden, und das bloße Anbieten einiger Zigarren oder Zigarettenschachteln an die besten Werfer hat in dieser Disziplin wunderbare Leistungen erbracht.

Wir glauben, dass die Deutschen keinen Grund haben, sich dafür zu beglückwünschen, dass sie als erste den Einsatz von Granaten in der Kriegsführung wieder eingeführt haben, denn es handelt sich um eine Waffe, die Intelligenz und Geschick im Umgang erfordert. Von klugen, schnellen Franzosen oder Sportlern wie den Briten geworfen, ist es viel gefährlicher als in den Händen dickköpfiger, passiver deutscher Soldaten. Wir sind sicher, dass die amerikanischen Truppen die Granate mit der gleichen Geschicklichkeit einsetzen werden wie ihre Verbündeten.

GRABENMESSER. Der Grabenkampf ist ein Kampf bis zum Ende und erforderte den Einsatz eines starken Messers. In den Händen grimmiger, entschlossener Männer ist es eine schreckliche Waffe, die in den engen Räumen von Schützengräben, Tunneln und Unterständen, in denen Bajonette nicht eingesetzt werden können, häufig eingesetzt wird. Die afrikanischen Truppen lieben diese Messer sehr, und da die Deutschen sich dieser Tatsache bewusst sind, ergeben sie sich niemals vor afrikanischen Truppen, und die Kämpfe zwischen diesen Kämpfern haben immer den Beigeschmack von Wildheit.

Aus Angst vor Messern und Dolchen haben die Deutschen deren Verwendung als unmenschlich erklärt und viele Gefangene erschossen, bei denen Dolche gefunden wurden. Es ist daher ratsam, dass Truppen, die zur Kapitulation verpflichtet sind (und die mutigsten Truppen müssen dies tun), ihre Dolche rechtzeitig wegwerfen.

AUTOMATISCHE PISTOLEN. Offiziere und Unteroffiziere verfügen nur über automatische Waffen, aber wir würden sie gerne an die Infanterie weitergeben, da sie *im Nahkampf am nützlichsten sind*.

Der Einsatz der verschiedenen oben genannten Waffen machte die Aufteilung der Kompanie in Grenadiere, Maschinengewehrschützen und leichte Infanterie erforderlich. Letztere kämpfen vor allem mit gewöhnlichen Gewehren, Bajonetten und Dolchen.

Wenn es die Umstände zulassen, wäre es ratsam, allen Männern einer Kompanie nacheinander den Umgang mit allen Waffen beizubringen, um nach und sogar während eines Gefechts den genauen Anteil an Spezialisten wiederherstellen zu können. Die Tendenz, das Schießtraining zu vernachlässigen, ist zu groß. Soldaten sollten keine Gelegenheit verpassen, sich im Gebrauch des Gewehrs zu vervollkommnen, das nach wie vor die Hauptwaffe der Infanterie ist. Seine Bedeutung wird im offenen Krieg noch größer sein.

2. Anweisung. Um ein guter Infanteriesoldat zu sein, sollte ein Mann sehr kräftig, ausreichend jung, nicht älter als fünfunddreißig, gut ernährt und gut ausgebildet sein.

Die individuelle Einweisung sollte so gründlich wie möglich sein und perfektioniert werden, bevor der Mann an die Front geschickt wird.

Die theoretische Ausbildung der Truppen muss abgeschlossen sein, bevor ihnen die Verteidigung eines Sektors übertragen werden kann, und nur in den Linien und im Angesicht des Feindes können sie praktische Erfahrungen sammeln. Je gründlicher sie die theoretischen Details kennen, desto eher werden Kompanie und Bataillon zu guten Kampfeinheiten.

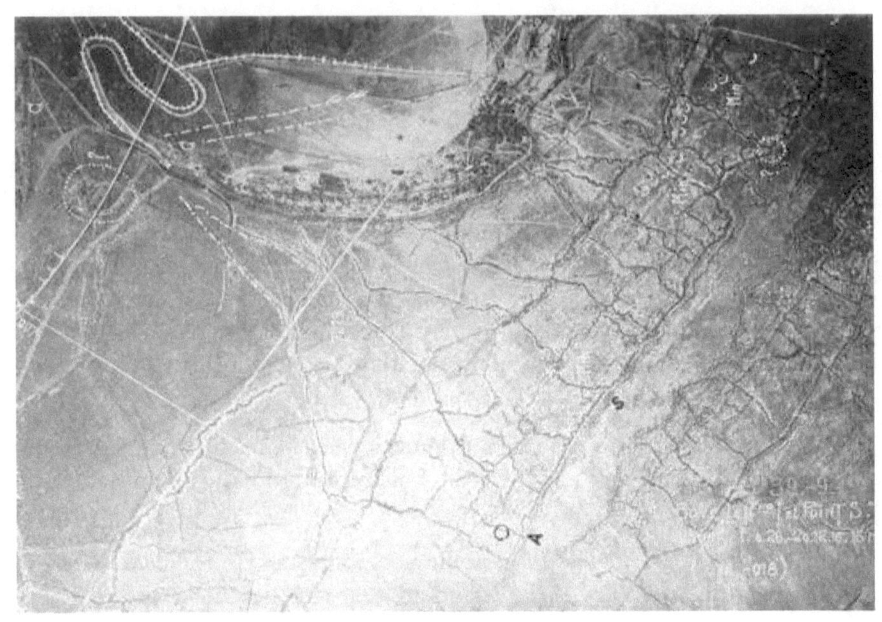

La Bovelle

20. Dezember 1916–3. PN

Der Geist der Initiative sollte bei jedem Soldaten besonders gefördert werden, da im gegenwärtigen Krieg jeder Mann eine individuelle Rolle zu spielen hat, entsprechend seinen Pflichten, seinem Rang und seinen Waffen. Während des eigentlichen Kampfes kann sich der Soldat nur wenig auf die Führung seiner Vorgesetzten verlassen, von denen lediglich erwartet wird, dass sie ein Beispiel geben, und die häufig der erste Schütze sind.

PFLICHTEN DER OFFIZIERE. Bevor die Offiziere ihren Männern den Vormarsch befehlen und sich noch in den Schützengräben befinden, sollten sie, unterstützt von ihren Unteroffizieren, wann immer Zeit und Umstände es erlauben, bestrebt sein, jedem Mann vollständig zu erklären, welche Ziele erreicht werden sollen und welche Mittel dafür zur Verfügung stehen angestellt sein. Es sollten keine Details vernachlässigt werden.

Die Aufgabe des Majors wird darin bestehen, die Fronten, die jedem seiner Unternehmen zugewiesen sind, die Ziele, die es erreichen soll, und die Reiserouten, denen es folgen soll, ganz klar zu benennen. Ein Angriff wird normalerweise in mehreren Wellen durchgeführt, d Die verschiedenen Unternehmen stellen so viele Punkte dar, die vorher bis ins kleinste Detail geklärt werden müssen. Der Major muss im Voraus entscheiden, wie das

Bataillon und die einzelnen Kompanien die Ziele nach der Eroberung halten, wie sie diese Ziele in kürzester Zeit organisieren und wie sie den Gegenangriffen widerstehen. Die kommandierenden Offiziere von Bataillonen und Kompanien dürfen nicht vergessen, dass nach Beginn der Aktion, und oft sogar schon bevor sie begonnen hat, jede Kommunikation schwierig und oft unmöglich wird und dass folglich alle möglichen Eventualitäten im Rahmen der erhaltenen Befehle gewesen sein müssen im Vorfeld gründlich studiert. Deshalb ist es unerlässlich, jedem Mann minutiöse Anweisungen zu geben.

Dieser Auszug aus einem Brief, der über einen französischen Kapitän gefunden wurde, der auf der Maas getötet wurde, soll jungen und unerfahrenen Offizieren eine gute Vorstellung davon vermitteln, mit welchen Gedanken sich ein tüchtiger Kommandant beschäftigen muss.

„Ich bin allein", schrieb er, „in diesem unterirdischen Bunker, der noch immer von der üblen Atmosphäre der Deutschen durchdrungen ist, wo die Beweise einer ungeordneten Flucht, Kekse, blutige Lumpen, befleckte Briefe, eine Biographie von Hindenburg usw. liegen." in alle Richtungen verstreut. Ich bin allein, nachdem ich die Firma, die den Angriff durchgeführt hat, abgelöst habe. Ich bin allein, ohne Rat, wenn ich zögere, ohne Hilfe, wenn ich schwach werde, in diesem eroberten, halb zerstörten Graben. Meine zweihundert Männer drängen blindlings herein, ohne zu wissen, was sie umgibt und was sie tun sollen. Ihr Anblick stellt meine schwindende Energie wieder her. Ich muss für sie denken und vor Tagesanbruch alles in Ordnung bringen. Ich schaue auf meine Uhr: Es ist Mitternacht."

Hier ist ein Häuptling, ein echter Anführer! Er geht raus; Bis zum Morgengrauen inspiziert er seinen Sektor und lässt seine Männer arbeiten. Jedem weist er eine Aufgabe zu; er regt sie an, hindert sie am Einschlafen und schont sich nicht. Er kann sich darauf verlassen, dass alle seine Untergebenen ihr Bestes geben, und bei Tagesanbruch, wenn das Bombardement wieder aufgenommen wird, wenn der Gegenangriff gestartet wird, wird der Graben bereit sein; die Verluste werden geringer; Widerstand wird möglich gemacht. Durch solche Methoden und durch die ständige Zusammenarbeit des Offiziers und seiner Männer vollbringt die Armee wunderbare Leistungen. Es ist diese ständige Zusammenarbeit, dieses Pflichtverständnis des bescheidensten Führers, das es uns ermöglichte, in Verdun durchzuhalten.

Die schwierigsten Missionen sollten denjenigen anvertraut werden, von denen bekannt ist, dass sie für ihre Erfüllung am besten geeignet sind.

Sobald das Angriffssignal gegeben ist, haben die Offiziere und Unteroffiziere kaum eine andere Möglichkeit, den Gehorsam gegenüber ihren Befehlen sicherzustellen, als ihren Männern ein Beispiel zu geben.

Wir nutzen diese Gelegenheit, um den untergeordneten Offizieren der französischen Armeen eine tiefe Ehrerbietung zu erweisen. Sie sind und bleiben tatsächlich die Helden dieses Krieges. Sie sind seit August 1914 auf dem Feld der Ehre gefallen, nicht zu Tausenden, sondern zu Zehntausenden. Unter den kritischsten Umständen ist ihre Moral nie auch nur einen einzigen Moment geschwächt. Zu allen Zeiten hat man festgestellt, dass Männer, die ebenso mutig waren wie ihre Vorgänger, die Plätze derer einnahmen, die so heldenhaft (ich wollte sagen: so fröhlich) in den Tod gegangen waren. Indem sie ihr Leben für ihr Land geopfert haben, haben sie den Offizieren ihrer Verbündeten nicht nur ein Beispiel gegeben, sondern diesen auch Zeit gegeben, sich weiterzubilden und auszubilden, und ich kann ehrlich sagen, ihnen ebenbürtig zu sein. Der Mut, den die Infanterieoffiziere der englischen, italienischen und russischen Armee an den Tag legen, ist dem der französischen Offiziere ebenbürtig, und ich bin mir sicher, dass die amerikanischen Offiziere in kurzer Zeit das gleiche Urteil verdienen werden.

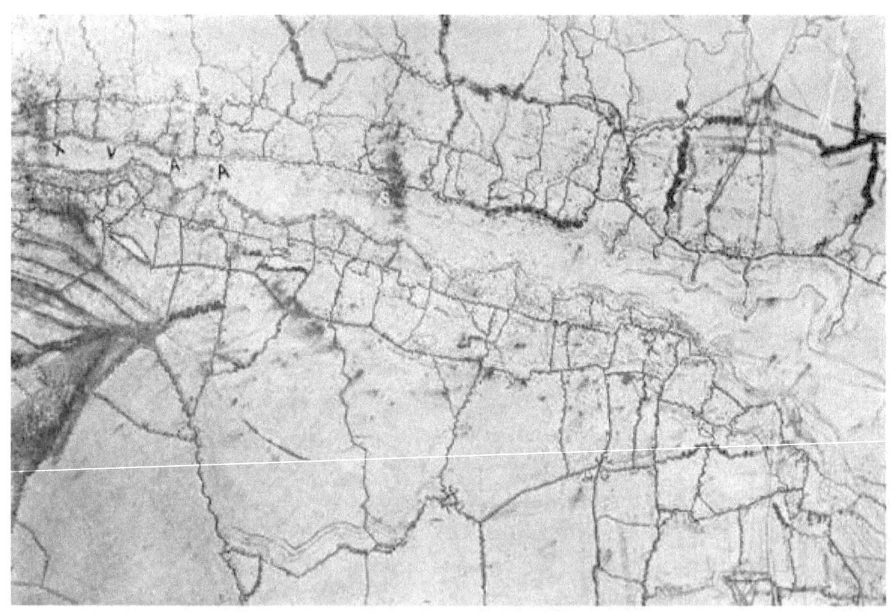

Südlich der La Bovelle Farm

29. Januar 1917 – 12.30 Uhr

Unsere Offiziere sind immer und vom ersten Kriegstag an stets vor ihren Männern marschiert und haben sie direkt zum Feind geführt. Sie sind durch das heftigste Vorhangfeuer vorangekommen; sie haben sich dem

Feuer unzähliger Maschinengewehre ausgesetzt; Sie waren das Ziel von Gewehren und Granaten. Tausende wurden getötet; keiner hat gezögert, keiner ist umgedreht. Die alliierten Offiziere haben den gleichen Wagemut und die gleiche Tapferkeit an den Tag gelegt.

Aber was ist mit den deutschen Offizieren? Ist es möglich, ihre Haltung nicht mit unserer eigenen zu vergleichen? Die deutschen Offiziere sind bestrebt, ihre wertvollen Personen, die ihrer Meinung nach denen ihrer Männer so weit überlegen sind, so lange wie möglich unter Schutz zu halten, und wenn sie den Mut aufbringen, an die Öffentlichkeit zu treten, sind sie damit zufrieden, ihnen zu folgen hinter ihren Truppen, mit Revolvern in der Hand, um Gehorsam zu erzwingen.

Wir möchten hier zwei oder drei Zitate aus tausenden ähnlichen Zitaten wiedergeben, die im *Journal Officiel de la République Française* , dem offiziellen Organ der französischen Regierung, veröffentlicht wurden, um anschaulich zu veranschaulichen, wie Offiziere ihre Pflichten verstehen sollten :

Am 1. September 1914 sagte *Major Parisot de la Boisse* zu seinen Jägern: „Ich gebe Ihnen mein Ehrenwort, solange einer von uns am Leben bleibt, wird der Feind nicht passieren." Trotz schwerer Verluste, obwohl er fast umzingelt war, befreite er seine Truppen und setzte den Kampf fort. Der von ihm verteidigte Pass de Mandray bleibt französisch!

Kapitän Robert Dubarle. „Ein lebendiges Beispiel für Unempfindlichkeit unter Beschuss, Missachtung der Gefahr, Energie und Initiative."

Kapitän Mazarde – 11. Jäger. „Ein hervorragender Offizier, der bereits auf Befehl der Division, des Armeekorps und der Armee zitiert wurde. Vom 29. Juni bis 14. Juli 1915 bewies er den Mut eines Helden. Als er seine Chasseurs bei einem Angriff auf einen Wald in die Luft von *Sidi Brahim führte* , wurde er 50 Meter vom Waldrand entfernt von Drahtverwicklungen aufgehalten. Er hielt die Angriffslinie 36 Stunden lang im Angesicht des Feindes aufrecht, wehrte einen Gegenangriff ab und durchlöcherte die feindliche Linie mit Kugeln und Granaten. Er zog sich erst auf Befehl zurück und nahm alle seine Verwundeten und die Leichen der getöteten Offiziere mit. Er wurde angeschossen und starb an seinen Wunden."

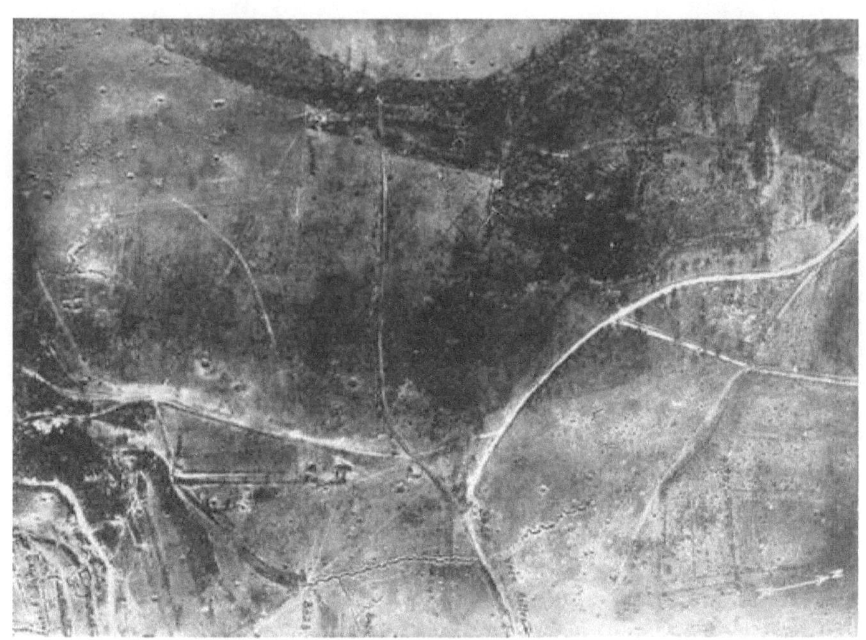

Westlich von Ailles

24. April 1917 – 10.00 UHR

Kapitän Pierre Mercier – 67. Bataillon der Jäger. „Mit der Aufgabe betraut, den Durchgang einer Brücke zu verteidigen, hielt er seine Kompanie unter heftigem Beschuss. Sowohl rechts als auch links flankiert, zögerte er nicht, einen zahlenmäßig sehr überlegenen Feind anzugreifen, wurde tödlich verwundet und sagte zu seinen Männern: „Wir haben unsere Pflicht getan."

Der Platz erlaubt es uns nicht, zahlreichere Zitate zu nennen, aber wir glauben, dass es der amerikanischen Armee von Nutzen wäre, die Protokolle des Krieges zu erhalten, daraus die brillantesten Zitate der französischen und englischen Armeen auszuwählen, sie übersetzen und weit verbreiten zu lassen unter den amerikanischen Truppen. Nichts wäre für die Offiziere lehrreicher, nichts könnte ihr Feuer besser entfachen, nichts würde in ihnen den größeren Wunsch wecken, ihren Kameraden in den alliierten Armeen nachzueifern. Das Beispiel des Heldentums ist für junge Männer ansteckend.

STOßTRUPPS (STOSSTRUPPEN). Das anhaltende Scheitern der deutschen Angriffe oder Gegenangriffe über mehr als ein Jahr hinweg führte zur Gründung dessen, was sie *Stosstruppen nennen* . Den neuen Rekruten der deutschen Armee mangelte es stark an Qualität – dem deutschen Soldaten mangelte es allenfalls an Initiative. Das Oberkommando griff daher auf eine

Auswahl der besten Elemente einiger seiner Divisionen zurück, um daraus
Bataillone oder Angriffskompanien zu bilden.

Das Versprechen, bessere und reichhaltigere Nahrung zu erhalten als
die anderen Truppen (so wichtig ist die Frage der Nahrung für den deutschen
Soldaten, der seit 1916 mit etwas knappen Rationen auskommt), reichte aus,
um Freiwillige für diese Kompanien zu gewinnen.

Diese Spezialtruppen sind von der Arbeit in den Schützengräben
ausgenommen und werden nur bei Bedarf an die Front herangezogen. Bei
solchen Gelegenheiten werden sie über die gesamte Angriffsfront verstreut,
um durch ihr Beispiel die nicht so gut organisierten Elemente zu ermutigen.

Die Deutschen, die nach der russischen Revolution in der Lage waren,
die besten Elemente aus ihren Divisionen an ihrer Ostfront abzuziehen,
nutzten im Juni und Juli 1917 häufig ihre Stosstruppen bei Gegenangriffen
im Artois und in *verzweifelten* Situationen und tägliche Angriffe auf den
Chemin des Dames, aber das Ergebnis war weit von den Erwartungen
entfernt.

Die *Stosstruppen*, die wie die gewöhnlichen Truppen gezwungen sind, in
zu dicht gedrängten Reihen anzugreifen, bieten Artillerie und
Maschinengewehren ein hervorragendes Ziel, und in neun von zehn Fällen
wird ihr Ansturm gestoppt, bevor sie in einen Nahkampf eingreifen können
kämpfen.

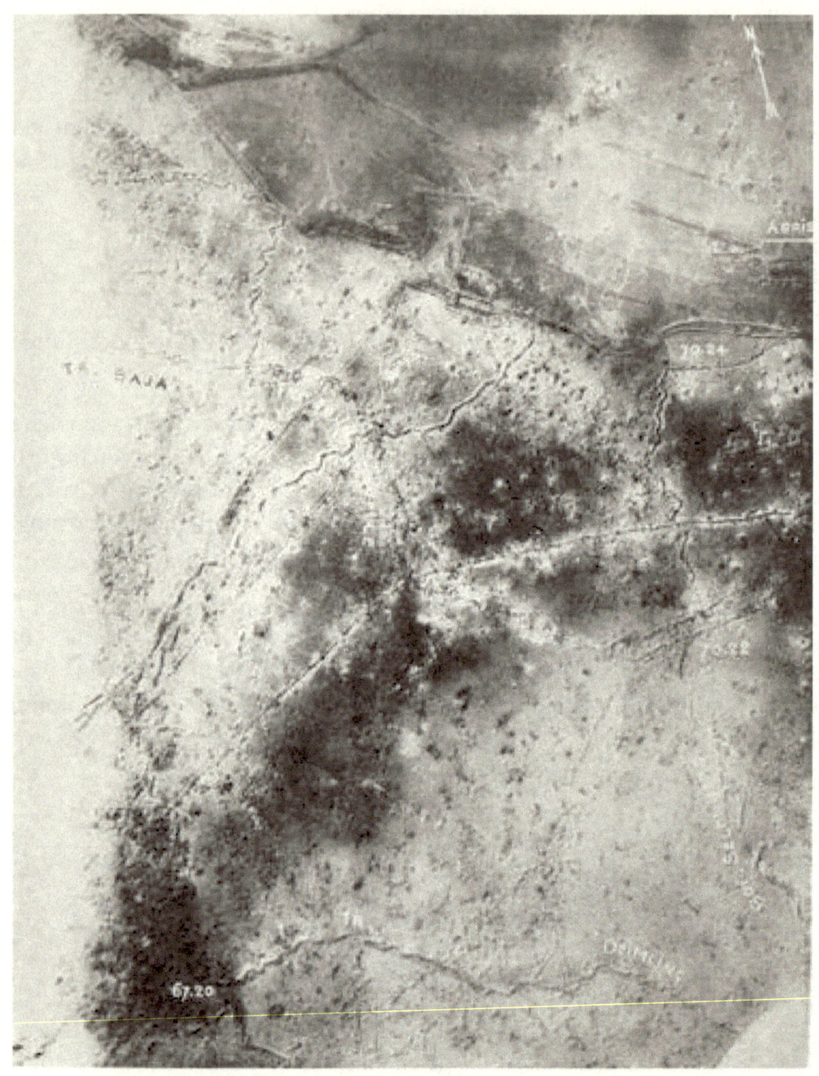

La Bovelle

5. Mai 1917 – 10.30 UHR

Wir fragen uns, was die deutschen Divisionen an der russischen Front ohne ihre besten und stärksten Elemente erreichen können, wenn die russische Armee sich sammelt und wieder ernsthaft in den Krieg eintritt.

3. Auftrag und Einsatz der Infanterie in einer Division. Wir haben festgestellt, dass eine Division drei oder vier Regimenter umfasst. Wir werden uns nun mit der Aufstellung einer Division befassen, die aus zwei Brigaden zu je zwei Regimentern besteht. Es scheint sicher, dass dies der Typ ist, der von der amerikanischen Armee übernommen wird, die über eine ausreichende Anzahl von Männern für diese normale Zusammensetzung einer Division verfügt.

Vor einer Division. Die Front einer Division im Stellungskrieg ist in ihrer Ausdehnung sehr unterschiedlich. Die Besetzung starker Schanzen, die es ermöglichen, die Reserven vor dem Feuer des Feindes zu schützen, ermöglicht die Ausweitung der Front, insbesondere wenn die Armee in der Defensive bleibt.

Sobald jedoch eine Division in die Offensive geht, wird ihre Front auf ein Ausmaß reduziert, das einen energischen Einsatz erlaubt. Die Front einer Division im freien Feld wurde auf 1800 bis 2000 Meter festgelegt. Die Operationen im Jahr 1914 zeigten, dass die Fronten immer länger waren, oft sogar doppelt so lang, und dass dies vielleicht auch in Zukunft der Fall sein wird, wenn der Krieg im Freien wieder aufgenommen wird; aber solange der Krieg ein Verschanzungskrieg bleibt, wird es sehr gefährlich sein, die Fronten nicht zu begrenzen, insbesondere im Moment einer Offensive. Dies ist eine anerkannte Wahrheit, und insbesondere in der britischen Armee besteht eine wachsende Tendenz, die Angriffsfront einer Division zu verkürzen.

DISPOSITIONEN. Die logischste Art, die Truppen einer Division auf dem Schlachtfeld zu disponieren, wird immer in der Zusammenlegung der beiden Brigaden nebeneinander und bei den Brigaden in der Zusammenlegung der Regimenter nebeneinander bestehen.

Die Division, die Brigade, das Regiment und sogar das Bataillon müssen jeweils Reserven bilden, um entweder den Erfolg zu sichern oder sich vor möglichen Misserfolgen ihrer Offensive zu schützen. In diesem Stellungskrieg ist, vielleicht noch mehr als in einem Bewegungskrieg, die Notwendigkeit, stets Truppen zur Hand zu haben, die bereit sind, Gegenangriffe abzuwehren, zwingend erforderlich, da auf jede Abwehr die Besetzung eines Gebietes durch den Feind folgt Teil der Verteidigungslinie, der später unter großen Verlusten zurückerobert werden musste, wenn dem Feind Zeit gegeben würde, sich dort zu organisieren.

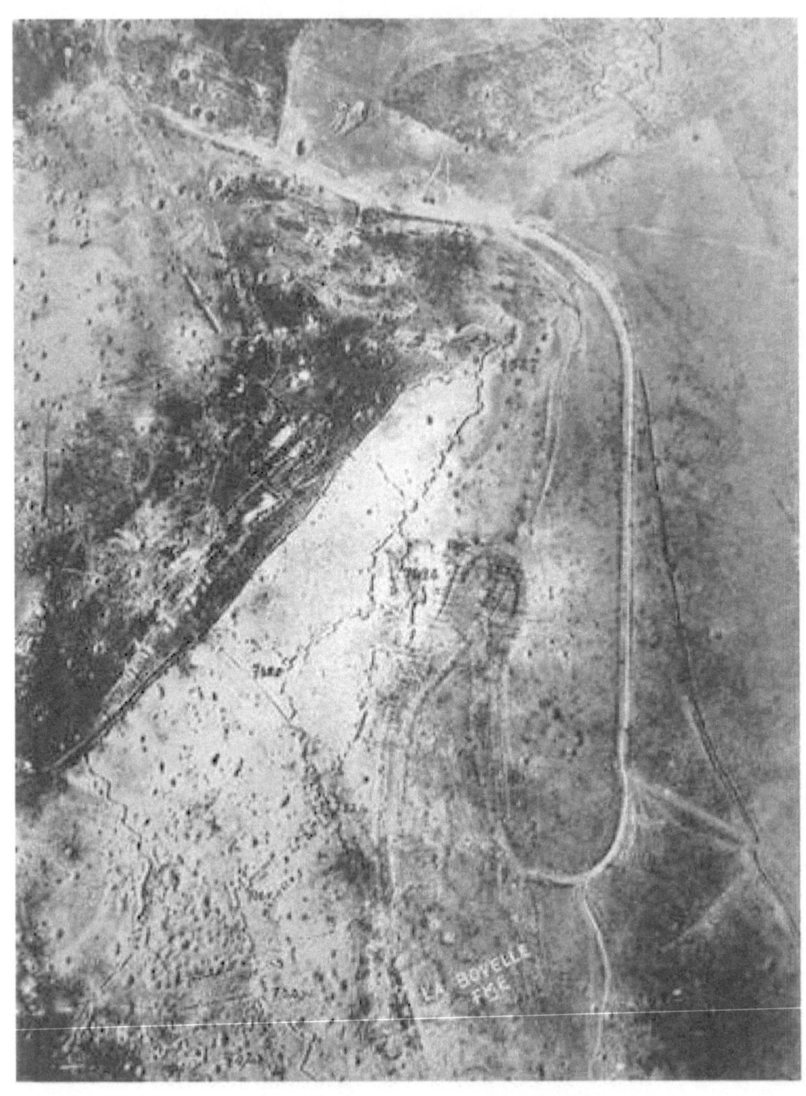

Nördlich von La Bovelle

24. April 1917 – 10 Uhr

Die räumliche Anordnung der Einheiten ermöglicht es dem Kommando, wenn die Linien geschickt konstruiert und ihre Verbindungen untereinander gut gesichert sind, nur wenige Männer an den schwer bombardierten Stellen zu halten und den größten Teil der Truppen dort zu schützen, wo sie nicht verletzt werden können.

Die Untersuchung der letzten großen Operationen, insbesondere an der britischen Front, zeigt, dass die Erfahrung und Ausbildung der britischen Truppen im Feld sowie der Zusammenhalt ihrer Artillerie und Infanterie die Deutschen gezwungen haben, ihre Methode der Truppenverteilung aufzugeben im Jahr 1916 und ein ganz anderes Kampfsystem einzuführen.

In der Schlacht an der Straße Ypern-Menin stellten die Deutschen drei Divisionen an einer sehr schmalen Front auf, mit drei Bataillonen, eines aus jeder Division, an der ersten Linie.

Unmittelbar hinter jedem führenden Bataillon wurde ein zweites zu seiner Unterstützung aufgestellt. Die anderen beiden Bataillone jedes Regiments mit vier Bataillonsformationen und das dritte Bataillon der drei Bataillonsregimenter wurden in großer Reserve gehalten, um zu versuchen, den englischen Vormarsch aufzuhalten und detaillierte Gegenangriffe durchzuführen.

Hinter diesen Angriffsdivisionen bildeten sorgfältig ausgewählte Spezialtruppen eine allgemeine Reserve, die in sehr stabilen Bunkern wartete, wo sie vor schwerem Artilleriebeschuss geschützt waren. Diese Reserven wurden eingesetzt, wenn es den ersten Liniendivisionen nicht gelang, den Vormarsch des Feindes aufzuhalten, oder wenn die Chance bestand, durch heftige Gegenangriffe verlorenes Terrain zurückzuerobern.

Die natürliche Konsequenz dieser neuen Verteilung der deutschen Truppen besteht darin, dass, um ihr erfolgreich entgegenzuwirken, sehr enge Fronten eingeschlagen werden müssen. Kräfte, die stark genug sind, um den Feind abzuwehren, und den unterstützenden Bataillonen keine Zeit lassen, effektiv anzugreifen, müssen in der ersten Linie platziert werden. Die ersten Linien müssen durch Reserven unterstützt werden, die stark genug sind, um den feindlichen Reserven ohne Zeitverlust entgegenzutreten. Es ist eine Generalreserve in ausreichender Stärke bereitzuhalten, um die eroberten Stellungen gegen alle Gegenangriffe der Generalreserven der Deutschen zu verteidigen.

Die letzten Operationen im Oktober zeigen, dass diese Anordnungen inzwischen in allen Armeen in Kraft sind.

DEFENSIVE. Wir haben gerade erklärt, welche Dispositionen die Deutschen in der Defensive einnehmen mussten, und wir glauben, dass alle Parteien zwangsläufig dazu gebracht werden, eine einigermaßen ähnliche Verteilung anzunehmen.

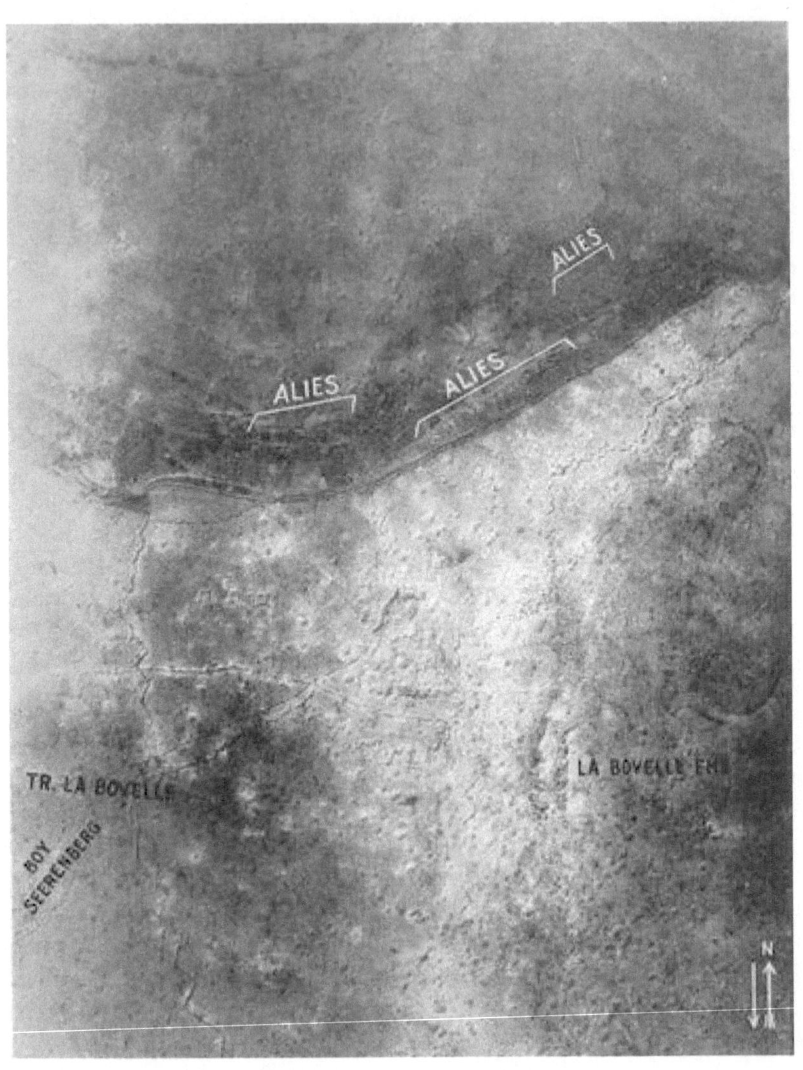

La Bovelle

5. Mai 1917 – 10.30 UHR

Da die Widerstandskraft der Schützengrabenlinien der Alliierten weitaus geringer ist als die der deutschen Linien, müssen die Alliierten, um sich vor der Gefahr eines Angriffs zu schützen, die Überlegenheit ihrer Artillerie ausnutzen. Sie müssen ihre Kräfte gründlich einsetzen, um sicherzustellen, dass der Feind durch eine Reihe von Angriffen zurückgeschlagen wird, die ihn ins Wanken bringen und ihn daran hindern, sich erneut zu formieren.

Es ist unmöglich, feste Regeln für die Kräfteverteilung zwischen den verschiedenen Linien der Divisionen, Regimenter, Bataillone und Kompanien aufzustellen. Die Verteilung hängt ganz von der Art der Operationen ab und ist den einzelnen Einheiten überlassen, sie gemäß den eingegangenen Befehlen durchzuführen. Wenn einer Einheit im Verlauf ihrer Ausbildung hinreichend detaillierte Anweisungen erteilt wurden, sind diese Verteilungen leicht zu beschließen, vorausgesetzt, dass die Offiziere aller Ränge die an anderer Stelle angegebenen Aufgaben gewissenhaft erfüllen.

ANGRIFFS- UND BESATZUNGSTRUPPEN. Die Erfahrung hat den Alliierten nahegelegt, ihre kämpfenden Truppen in Armeekorps zum Angriff und Armeekorps zur Besetzung aufzuteilen.

Sobald die Ziele erreicht und stark gehalten sind, werden die angreifenden Truppen durch die frisch am Boden eintreffenden Besatzungstruppen ersetzt. Ihre Aufgabe ist zwar die Verteidigung, aber oft schwierig. Sie müssen lange Zeit in den ersten Linien bleiben, sind aufgrund der neuen deutschen Methoden häufigen und heftigen Bombardierungen ausgesetzt und müssen zahlreiche Gegenangriffe abwehren.

Die Oberbefehlshaber sind die alleinigen Richter über die Rolle, die die verschiedenen Armeekorps spielen müssen, aber unserer Meinung nach gibt es einen Grundsatz, der im Krieg niemals außer Acht gelassen werden darf. Sowohl in der Armee als auch im Bataillon und in der Kompanie ist es die Pflicht des Chefs, unabhängig von der Dienstrotation denjenigen Teil der Truppen unter seinem Kommando zum Einsatz auszuwählen, den er für am wahrscheinlichsten hält das gewünschte Ergebnis erzielen.

Was wir über den Einsatz der Artillerie, die Bewaffnung der Infanterie, die Verteilung der Infanterie in der Division und die Angriffsgräben gesagt haben, wird es uns ermöglichen, eine genaue Vorstellung von der Physiognomie einer Angriffsaktion und ihrer Vorbereitung zu geben .

OFFENSIVE ENGAGEMENTS. IHRE VORBEREITUNG. Die Vorbereitung von Angriffen in einem Stellungskrieg ist langwierig. Aufgrund der damit verbundenen Arbeit ist es sehr schwierig, diese Vorbereitungen an der Front vor der gegnerischen Luftfahrt zu verbergen, und leider auch! aus der Neugier von hinten.

Ein Angriff kann nur auf Befehl des Generalobersten beschlossen werden, der entscheidet, wo und an welcher Front er durchgeführt werden soll. Er gibt seine Anweisungen an den Generalkommandanten einer Heeresgruppe, der je nach den Umständen eine oder mehrere seiner Armeen für die Operation einsetzt. Jeder General, der eine Armee befehligt, bereitet für jedes seiner Armeekorps einen Operationsbefehl vor und so weiter, bis die genauen Anweisungen die Elemente der ersten Linie erreichen.

Anschließend beginnt die Vorbereitung. Es besteht darin, auf dem Gelände unter dem Schutz der Batterien Folgendes einzurichten:

1. Die neuen Linien der Infanterie und gegebenenfalls die Kommunikation zwischen diesen Linien;

2d. Der Standort der Artillerie aller Kaliber;

3d. Die Organisation der Führungsposten;

4. Die Einbringung von Munition und Material aller Art;

5. Der Bau von Eisenbahnen und gewöhnlichen Straßen im hinteren Teil der Angriffsfront in ausreichender Zahl, eher über den geschätzten Bedarf hinaus als sonst;

6. Die Organisation der Infanteriereserven.

7. Die Vorbereitung der Evakuierung der Verwundeten und die Einrichtung großer Feldlazarette möglichst nahe an den Linien;

8. Die Organisation von Evakuierungsstationen;

9. Die Organisation der Parks;

10. Die Organisation der Versorgungszentren usw.

Diese Aufzählung, aus der wir die Luftfahrt wegen ihrer besonderen Einrichtungen aus geeigneten Gründen weggelassen haben, gibt einen ausreichenden Überblick über den Arbeitsaufwand, der für die Vorbereitung einer Offensive erforderlich ist, deren Durchführung im Allgemeinen mehrere Wochen dauert.

Wenige Tage vor dem Angriff wird versucht, die Beherrschung der Luft zu sichern. Das Zerstörungsfeuer richtet sich dann gegen die gegnerischen Schützengräben. Der Vergleich der verschiedenen Fotoplatten, die dem Generalstab täglich übergeben werden, ermöglicht es dem Kommando, den Fortschritt der Zerstörung der Linien und Stellungen des Feindes zu verfolgen. Wenn die Zerstörung als ausreichend gründlich erachtet wird, wird der Befehl zum Angriff an bestimmten Punkten und zu einer bestimmten Stunde eines bestimmten Tages erteilt. Die letzte Operation der Artillerie, „das rollende Überraschungsfeuer" genannt, besteht darin, zahlreiche Teile der Front einer Reihe heftiger und schneller Bombardierungen auszusetzen, die den Feind im Zweifel darüber lassen, gegen welche Punkte die Angriffe der Infanterie gerichtet sind gestartet werden. Zur festgesetzten Zeit beginnen diese Angriffe. Die Feldartillerie

deckt ihre Infanterie durch möglichst intensives Sperrfeuer ab. Die ersten
Angriffswellen, gefolgt von denen der unterstützenden Truppen, stürmen
auf die gewählten Ziele zu, vertreiben den Feind mit allen ihnen zur
Verfügung stehenden Mitteln, besetzen und organisieren sie. Bei Bedarf
greifen die Reserven ein, entweder um den angreifenden Truppen zu helfen
oder etwaige Gegenangriffe des Feindes abzuwehren.

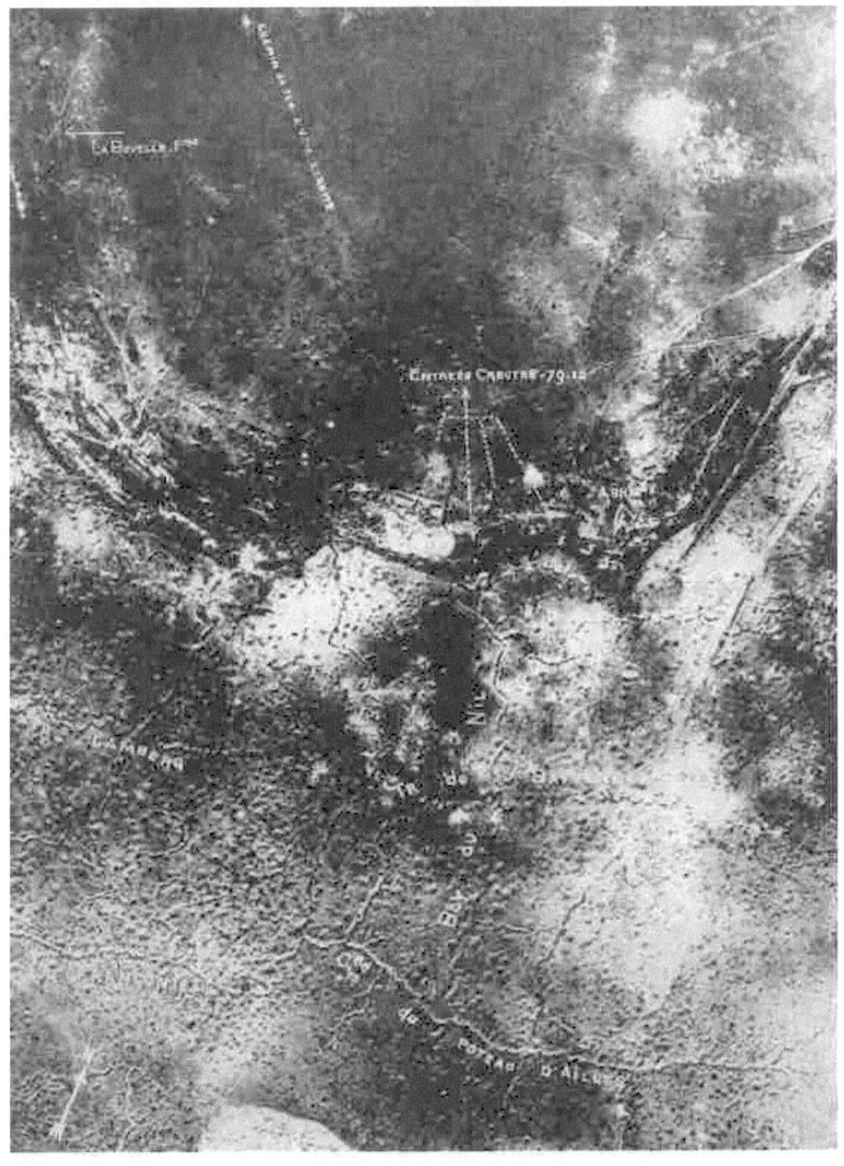

Graben „Battemburg"

4. Mai 1917 – Mittag

Vor einiger Zeit wurde beschlossen, dass die Truppen nicht aus Rücksicht auf ihren Eifer oder die Aufregung über einen allzu leicht errungenen Erfolg über die ihnen zugewiesenen Ziele hinausgehen dürfen. Eine genaue Untersuchung der Verteidigungsbereitschaft der Deutschen, die wir beschrieben haben, offenbart die Weisheit dieser Vorsichtsmaßnahme. Daraus folgt nicht, dass zusätzliche Ziele nicht am selben Tag erreicht werden können, aber in diesem Fall wird der zusätzliche Fortschritt durch einen erneuten Angriff erzielt und der Aufwand entsprechend verteilt.

Dokumente, die im August über Deutsche in der Champagne gefunden wurden, liefern die folgenden Einzelheiten eines Angriffs, den sie nördlich des Souain-Hügels vorbereitet hatten. Ein ähnlicher Angriff war durch das Vorgehen der Franzosen bei Verdun und die Zerstörung der Gasvorräte durch die französische Artillerie unmöglich gemacht worden.

Drei neue Divisionen und fünfzehn Kompanien *Stosstruppen* (Stoßtruppen oder spezielle Angriffstruppen) sollten den Angriff mit leichten Maschinengewehren, *Minenwerfern* , Bahnwärtern, Bergleuten, Pionieren, Gasmännern, Grenadieren, Tragenträgern und Artilleriepatrouillen anführen. Zwölf „Beutetrupps" und zwölf „Vernichtungstrupps", jeweils bestehend aus einem Offizier und zweiunddreißig Mann, sollten den *Stosstruppen folgen* . Es seien Vorkehrungen getroffen worden, um die erbeuteten Waffen zu entfernen.

Sie hatten sich auf eine gewaltige Freisetzung eines neuen Gases durch ein Pionierregiment aus sechs Kompanien vorbereitet.

Der Gasangriff sollte eine Viertelstunde dauern. Es folgte eine sehr starke Artillerievorbereitung, woraufhin die *Stosstruppen* vorstürmen sollten.

Die Luftfahrt sollte eine wichtige Rolle spielen, und der Angriff sollte mit Hilfe aller bekannten Verbindungsmittel durchgeführt werden: Dispatchläufer, Telefonisten, optische Signale, Brieftauben, Leuchtraketen und drahtlose Telegraphie.

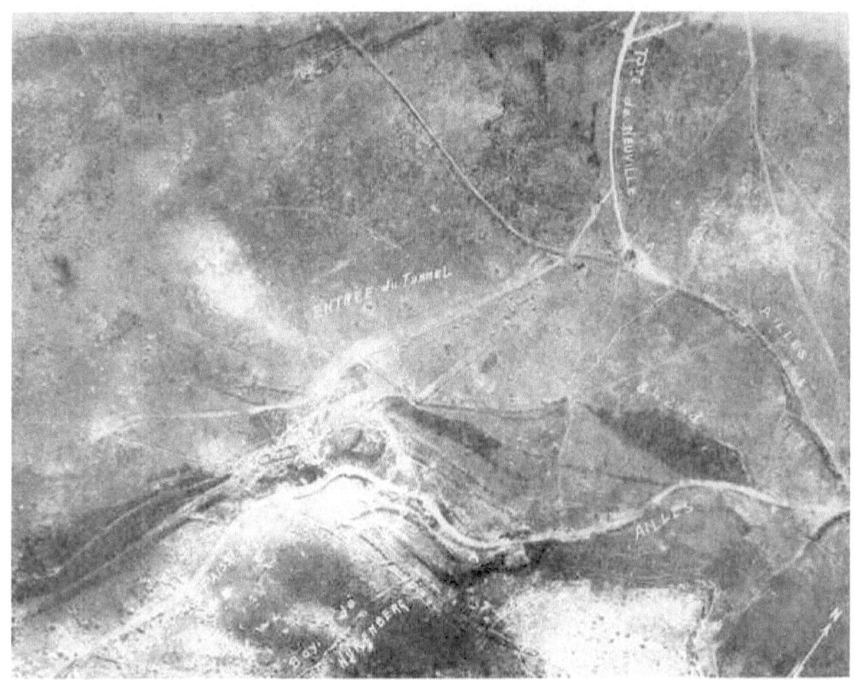

Westlich von Ailles

4. Mai 1917 – Mittag

Es wurde angeordnet, so viele französische Gasopfer wie möglich zurückzubringen, um die Auswirkungen des neuen Produkts zu untersuchen.

Am 20. November 1917 drang die dritte englische Armee durch einen erfolgreichen Überraschungsangriff tief und an einer großen Front in die deutschen Linien ein.

Diese unter größter Geheimhaltung vorbereitete Operation wurde ohne die übliche Unterstützung durch Artillerie oder Sperrfeuer durchgeführt. Die Infanterie griff unter dem Schutz zahlreicher Panzer an, die die Drahtverflechtungen und die wichtigsten Hindernisse zerstörten.

Wir glauben nicht, dass diese Methode künftig zur Regel werden wird.

Bevor er diesen Angriff startete, muss der britische Befehlshaber durch seine Luftwaffe oder auf andere Weise darüber informiert worden sein, dass es an der deutschen Front an Artillerie und Infanterie mangelt, und er muss diese momentane Situation sehr geschickt ausgenutzt haben.

Müssen wir daraus schließen, dass die oben genannten Regeln zur Vorbereitung eines Angriffs künftig nicht mehr angewendet werden? Angesichts der Tatsache, dass die Deutschen in Frankreich zu viele Verteidigungslinien hintereinander aufgestellt haben, ist dies sehr zweifelhaft.

Dieser englische Sieg zeigt jedoch, dass das Oberkommando, wann immer es über Informationen verfügt, die Hoffnung auf Erfolg rechtfertigen, regelmäßig vorbereitete Angriffe mit Überraschungsangriffen auf Punkte kombinieren muss, an denen die deutschen Schlagkräfte gerade reduziert sind.

Der Erfolg dieser Operation an der Cambrai-Front beweist, dass es immer möglich sein wird, eine Stellung einzunehmen, wie stark sie auch sein mag und wie zahlreich ihre Verteidigungsanlagen auch sein mögen, wenn sie nicht durch eine ausreichende Artillerie- und Infanterietruppe geschützt wird.

DEFENSIVE EINSÄTZE. Wenn die Truppen einem Angriff auf ihre Linien standhalten müssen, müssen sie den sehr gesunden Grundsatz des Krieges bedenken, dass passiver Widerstand nur mit einer Niederlage enden kann. Auf den ersten Linien müssen alle Elemente angesammelt werden, die für einen möglichst langen Widerstand notwendig sind. Die Infanterie wird dann Gelegenheit haben, Gewehre, Granaten, Gewehrmaschinengewehre und Maschinengewehre in möglichst großer Zahl sinnvoll einzusetzen. Die unterstützenden Truppen und die Reserven müssen bereit sein, den Feind ohne Zeitverlust zum Gegenangriff zu bewegen und ihn aus den von ihm vorübergehend besetzten Schützengräben zu vertreiben. Wir haben oft gesehen, wie deutsche Angriffe auf vorgeschobene Schützengräben im Augenblick des Erfolgs durch einen einfachen Bajonettangriff der Truppen der ersten Linien abgewehrt wurden. Der Feldartillerie kommt jedoch die wichtigste Rolle bei der Abwehr feindlicher Angriffe zu, und die „Mitteilungen" aller Alliierten zeigen, dass acht von zehn Angriffen durch Sperrfeuer abgewehrt werden. Wenn die Flieger rechtzeitig genau melden können, wo die feindlichen Truppen zum Angriff versammelt werden, kann die Grabenartillerie in den Reihen dieser normalerweise kompakten Formationen großes Chaos anrichten.

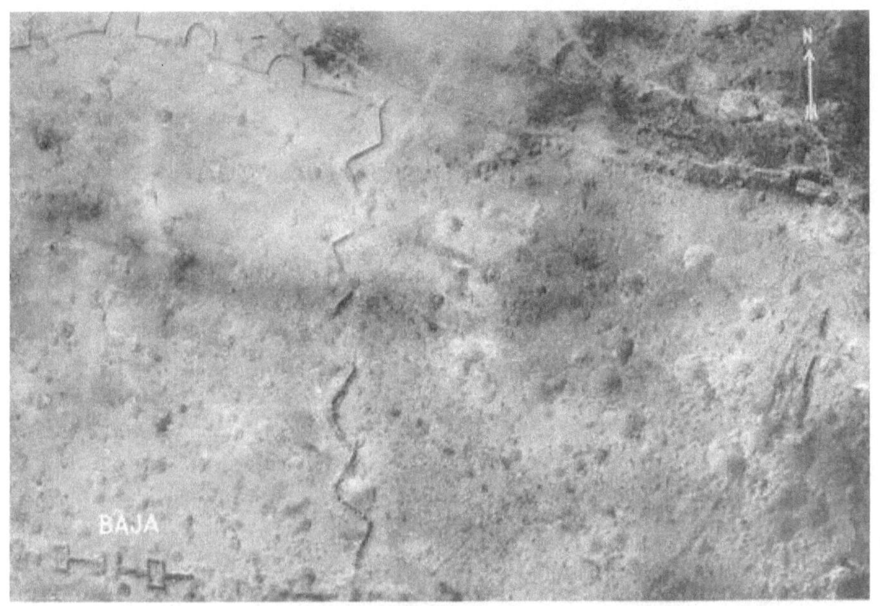

Aufnahme etwa um 10 UHR MORGENS während des Angriffs vom 5. Mai
1917

LÄNGERE ENGAGEMENTS. Was wir gerade gesagt haben, bezieht sich auf Angriffe aus regelmäßig organisierten Linien, die durch Granatenbeschuss nicht vollständig zerstört wurden.

Auf einem Gelände, auf dem ständig gekämpft wurde, sind die Schützengräben vollständig zerstört, und die Männer und Maschinengewehre der ersten Truppen haben keinen anderen Schutz als Granattrichter, die so weit wie möglich miteinander verbunden sind in der Nacht durch flache Gräben, sofern diese Arbeiten nicht durch andauernden Granatenbeschuss verhindert werden. Die Verbindungsgräben mit der Rückseite existieren nicht mehr; und Verbindungen können nur mit größter Mühe aufrechterhalten werden; Mit welchen Mitteln werden wir später erklären.

Um den Angriff unter solchen Bedingungen wieder aufzunehmen, ist es notwendig, den genauen Zeitpunkt zu wählen, an dem der Feind durch die Artillerie demoralisiert werden soll, und die Truppen voranzutreiben. In fast allen Fällen wird die Unterstützung neuer Truppen oder von Truppen, die wenig gelitten haben, erforderlich sein.

Diese Feldeinsätze sind schwierig und erfordern sowohl von den Häuptlingen als auch von den Soldaten einen entschlossenen Eroberungswillen und eine gründliche Kenntnis der Kriegsbedingungen.

Während der letzten Schlachten an der Somme, an der Aisne und bei Verdun mussten vorgeschobene Infanterie-Fraktionen mehrere Tage in Granattrichtern aushalten, die nicht miteinander verbunden und oft mit Wasser gefüllt waren. Der schwere feindliche Granatenbeschuss machte jede Bewegung unmöglich und verhinderte die Ankunft sämtlicher Vorräte. Die feindlichen Linien gingen oft ineinander über und von Loch zu Loch wurde weiter mit Granaten gekämpft. Dennoch kämpften unsere Truppen unter solch schwierigen Bedingungen Schritt für Schritt, um die französischen Linien bei Verdun zu verteidigen, und ihr heldenhafter Widerstand ermöglichte es dem Kommando, neue Stellungen vorzubereiten, die Truppen neu zu verteilen und sie vorwärts zu bewegen, nachdem sie den Angriff endgültig vereitelt hatten Tolle deutsche Leistung.

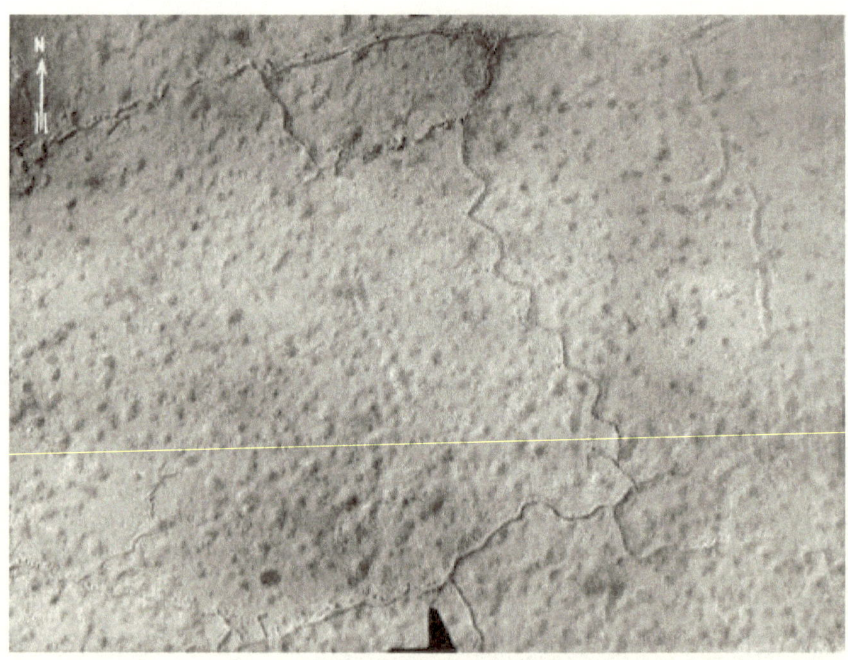

Aufnahme etwa um 10 UHR MORGENS während des Angriffs vom 5. Mai 1917

KOMMANDOPOSTEN. In einer Division leiten alle Kommandeure der Einheiten, vom Divisionsgeneral bis zum Major, den Kampf von sogenannten Kommandoposten aus. Diese Quartiere, die so weit wie möglich gegen Feldartilleriefeuer geschützt sind, müssen das Schlachtfeld überblicken. Sie sind mit allen schnellen Kommunikationsmitteln ausgestattet, sowohl Telegraf als auch Telefon. Obwohl die Drähte zahlreich und tief vergraben sind, halten sie dem Bombardement bis zum Zeitpunkt des Angriffs selten stand. Als letzte Ressource wird auf Signale, optische Geräte, Brieftauben und Boten zurückgegriffen. Geräte für die Bodentelegraphie, die offenbar allgemein zum Einsatz kommen werden, wurden in letzter Zeit eingesetzt, aber wir haben sie noch nicht in Betrieb gesehen.

Da die Kommunikation zwischen den vorgeschobenen Linien und dem Hinterland während des vorbereitenden Bombardements und der Sperrfeuer, die oft mehrere Tage lang ununterbrochen aufrechterhalten werden, sehr schwierig geworden ist, haben die westlichen Armeen wieder auf die Brieftauben zurückgegriffen, die in großen Mengen ausgerüstet sind Zahlen von Privatgesellschaften, die vor dem Krieg existierten. Ihre Zusammenarbeit ist sehr nützlich und hilft, viele Menschenleben zu retten. Sie werden auch mit Flugzeugen verschickt, wenn der Einsatz drahtloser Telegrafie nicht sinnvoll erscheint. Sie leisten große Dienste bei der Verbindung der Vorderseite mit der Rückseite und sind auch für die Verbindung der Rückseite mit der Vorderseite von unschätzbarem Wert.

SIGNALISIERUNG. Die schwierige Kommunikation zwischen Hinterland und Front während der Bombardierungen wird den zunehmenden Einsatz von Infanterieflugzeugen zur Führung der Operationen erforderlich machen. Die per Funk mit den verschiedenen Divisionshauptquartieren verbundenen Flugzeuge sind in der Lage, Informationen zu senden und wiederum Befehle zu empfangen und per Signal an die Truppen an der Front zu übermitteln.

Diese Flugzeuge werden auch eine Verbindung zwischen der Infanterie und der Feldartillerie aufrechterhalten, die eng und kontinuierlich sein muss, um demoralisierende Folgen, wie sie in allen Lagern nur allzu häufig aufgetreten sind, abzuwenden.

Nach den englisch-deutschen Kämpfen im Artois mussten die deutschen Gefangenen der Infanterie und der Artillerie getrennt werden, so groß war die Stimmung zwischen ihnen. Die Infanteristen behaupteten, sie hätten keinen ausreichenden Schutz gehabt und wollten ihn den Kanonieren „ausnehmen".

Um bei Infanterieangriffen Verwirrung zu vermeiden, senden die Führungsflugzeuge normalerweise nur eine Art Raketensignal aus, das der

Artillerie entweder eine Verlängerung oder eine Verkürzung der Reichweite um hundert Meter anzeigt.

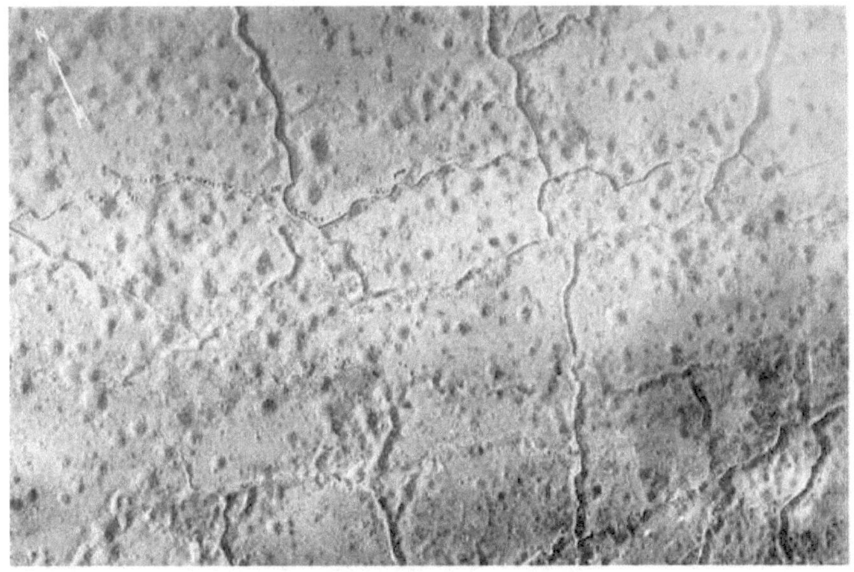

Aufnahme etwa um 10 UHR MORGENS während des Angriffs vom 5. Mai 1917

BATAILLONE AUS DREI KOMPANIEN. Gleichzeitig mit der Reduzierung der Schlagkraft bestimmter Divisionen wurden die Bataillone auf eine Formation mit drei Kompanien zurückgeführt.

Eine Infanteriekompanie besteht im Prinzip aus zweihundertfünfzig Mann, eine Quote, die jedoch rein theoretisch ist, da diese Zahl durch verschiedene Ursachen wie Krankheit, Verlust im Gefecht usw. schnell abnimmt.

RAHMENWERK DER ARMEE. Die Dienstgrade der Offiziere und Unteroffiziere der französischen Armee wurden seit Kriegsbeginn mehrmals erneuert. Viele Kapitäne im Jahr 1917 waren im Jahr 1914 nur Gefreite und die meisten von ihnen sind sehr jung. Im Allgemeinen handelt es sich um ausgezeichnete Offiziere, und es ist bedauerlich, dass diejenigen, die ihren Wert unter Beweis gestellt haben, nicht noch schneller befördert werden.

Der Geist der Routine, der in einer Armee vorherrscht, die von Soldaten mit regulärer Berufsausbildung geführt wird, ist oft dafür verantwortlich, dass Männer, die zu alt sind, um einen langen und anstrengenden Krieg wie den jetzigen effektiv zu leiten, zum Oberkommando befördert werden.

Es gibt keinen Grund zu der Annahme, dass das amerikanische Volk genauso wenig wie das britische und das französische Volk auf ernsthafte Schwierigkeiten stoßen wird, einen starken Stab von Offizieren aller Ränge zu rekrutieren und schnell auszubilden. Sie werden ebenso wie die Alliierten keine unüberwindlichen Schwierigkeiten haben, die Lücken zu schließen, die das feindliche Feuer zwischen ihnen hinterlassen wird.

4. Ein Wort zur Kavallerie. Wenn wir in dieser Abhandlung dem Einsatz der Kavallerie kein Kapitel gewidmet haben, liegt das daran, dass die Kavallerie seit September 1914 nur wenige Möglichkeiten hatte, als solche zu operieren.

Die Kavallerie wurde im gegenwärtigen Stellungskrieg im Allgemeinen auf die gleiche Weise eingesetzt wie die Infanterie. Die Anzahl wurde reduziert; die des Armeekorps wurde aufgelöst, und jeder Division wurden nur zwei Eskadronen zugeteilt.

Einige Kürassierregimenter wurden aus Mangel an geeigneten Pferden abgesetzt.

Aber wir glauben, dass sich ihre Chance zwangsläufig ergeben wird, ungeachtet des geringen Anteils, den die Kavallerie in den letzten dreißig Monaten am Krieg eingenommen hat.

Einige Kavalleriekorps, bestehend aus mehreren Divisionen, wurden zurückbehalten und während der Offensiven in Bereitschaft gehalten, an die Front zu ziehen, falls die feindlichen Linien durchbrochen werden sollten.

Kavalleriegeschwader leisteten den Briten und Franzosen bei der Verfolgung im März 1917 gute Dienste.

Die Deutschen werden vielleicht nicht immer in der Lage sein, ihre Rückzugsgebiete durch die wüstenartige Verwüstung von dreißig oder vierzig Kilometern Land zu schützen. Irgendwann wird ihre Schwachstelle gefunden, und an diesem Tag wird die Kavallerie wieder ihre Bedeutung erlangen.

Die Schwierigkeit, Pferde zu ernähren und zu beschaffen, schien die Deutschen gezwungen zu haben, ihre Kavalleriekräfte erheblich zu reduzieren.

KAPITEL VII
VERBOTENE WAFFEN

1. Erstickende Gase.

2. Tränenerzeugende Gase.

3. „Gaz-vésicant."

4. Flüssiges Feuer.

1. Erstickende Gase. Während des gegenwärtigen Krieges hat Deutschland die Geheimnisse der Wissenschaft nach Mitteln zur Vernichtung seiner Feinde durchsucht. Diejenigen, auf die sie zurückgriff, waren durch alle Konventionen, denen sie beigetreten war, und durch alle Vereinbarungen, die sie unterzeichnet hatte, verboten und als Angehörige barbarischer Zeiten verurteilt worden.

Gegen die britischen Truppen an der Yser wurden erstmals erstickende Gase eingesetzt. Die ätzenden Chlordämpfe sind für alle, die ihnen ausreichend ausgesetzt waren, tödlich, und als sie zum ersten Mal gegen einen unvorbereiteten und ahnungslosen Feind gerichtet wurden, waren ihre Auswirkungen schrecklich.

Glücklicherweise ist die Verwendung dieser Gase nur bei günstigem Wind und trockenem Wetter möglich; und da das Zusammentreffen dieser Bedingungen insbesondere im Norden Frankreichs außergewöhnlich ist, hatten die Alliierten Zeit, Schutzmasken zu erfinden und an ihre Truppen zu verteilen.

Die eingesetzten Modelle lassen sich auch im Dunkeln einfach und schnell anziehen und sind über mehrere Stunden wirksam. Jeder Soldat erhält einen.

Zu Beginn, als sich die Gasoffensiven noch im Versuchsstadium befanden, beschränkten sich die deutschen Angriffe auf Einzelschüsse, die vom Wind mehr oder weniger schnell zerstreut wurden und für mit guten Masken ausgerüstete Gegner recht ungefährlich waren.

Aber kurz darauf, als ihre Waffen gegen sie gerichtet waren und ihre Schützengräben von den Alliierten „vergast" wurden, stellten die Deutschen aus Erfahrung fest, dass eine Maske große Ermüdung und sogar Erschöpfung verursacht, wenn sie sehr lange getragen wird (da sie so sehr stört). mit der Atmung), änderten sie ihre Vorgehensweise und begannen, günstige Winde zu nutzen, um aufeinanderfolgende Gaswellen abzufeuern, um ihre Feinde zu zermürben, indem sie sie so lange wie möglich in ihren Masken hielten.

Als nächstes war die Annäherung der weißlichen Gaswolke leicht zu erkennen und wurde von den Wachen immer sofort angezeigt. In dem Bemühen, ihre Gegner unvorbereitet zu erwischen, änderten die deutschen Wissenschaftler ihre ursprünglichen Formeln und erzeugten farblose Gase, die jedoch schwieriger zu erreichen sind keineswegs unmöglich zu erkennen.

2. Tränenerzeugende Gase. Der nächste Schritt bestand darin, einen Weg zu finden, den Schutz der Atemgeräte so weit wie möglich zunichte zu machen, und so erfanden die *guten* Deutschen die tränenerzeugenden Gase, die trotz der speziellen Gläser, die den Masken hinzugefügt wurden, schnell die Sicht beeinträchtigen und das Opfer *außer Gefecht setzen* .

Die Alliierten waren zur Selbstverteidigung gezwungen, auf ähnliche Mittel zurückzugreifen.

3. „Gaz-vésicant." Ein neues, ebenfalls von den Deutschen erfundenes Gas ist an der Westfront aufgetaucht. In Frankreich ist es unter dem Namen *Gaz-Vésicant bekannt* ; es wirkt erst nach ein paar Stunden; es ist farblos und geruchlos; Es zerstört alle Gewebe so gründlich, wie es unter der Einwirkung von Schwefelsäure der Fall wäre.

Wir haben den überwiegenden Einsatz erstickender Granaten bei Neutralisierungsfeuern erwähnt. Alle unsere Armeen sind jetzt mit einer Vielzahl von Gaserzeugungsgeräten ausgestattet, von denen einige hervorragende Ergebnisse hinsichtlich Genauigkeit und Schnelligkeit der Entladung erbracht haben.

Es gibt noch einen weiteren Grund, warum die Deutschen sich nicht zu dieser Erfindung beglückwünschen können. West- und Nordwestwinde sind in Frankreich häufiger als Ostwinde, so dass die Alliierten häufiger Gasangriffe durchführen können als ihre Feinde.

4. Flüssigkeitsfeuer (*Flammenwerfer*). Als weder Geschütze noch Gase ihre Erwartungen erfüllten und sie sahen, dass der „Furor Teutonica", der in den Massenangriffen der besten Soldaten des Kaisers zum Ausdruck kam, nicht in der Lage war, die französisch-britischen Linien zu durchbrechen, griffen die Deutschen auf den Einsatz von Flüssigfeuer zurück .

Bei günstigem Wetter werden vor Beginn der Angriffe Männer in schweren, kugelsicheren Brustpanzern aus Stahl vorgeschickt, die auf ihren Rücken Behälter tragen, die denen auf Bauernhöfen sehr ähnlich sind, um Sulfat auf die Feldfrüchte zu streuen. Durch Düsen, die mit diesen Behältern verbunden sind, schleudern sie mit der Kraft komprimierter Luft Ströme brennender Flüssigkeit über eine Entfernung von fünfzig bis sechzig Metern. Die dichten schwarzen Rauchwolken, die das flüssige Feuer erzeugt, verdecken seine Träger vor den Augen des Feindes.

Flüssiges Feuer leistete den Deutschen vor allem zu Beginn, als die Alliierten auf diese Art des Angriffs nicht vorbereitet waren, gute Dienste, da es ihnen ermöglichte, mit geringem Kostenaufwand einige vorgeschobene Schützengräben einzunehmen.

Die vorliegenden Ergebnisse sind weniger brillant. Granaten haben gegen die in Kettenhemden gekleideten Träger von *Flammenwerfern die Arbeit geleistet* , die Gewehre oder Maschinengewehre nicht leisten konnten. Wenn ein Träger fällt, spuckt die herrenlose Düse ihre Flammen nicht immer weiter in Richtung des Feindes, sondern richtet sich oft gegen die anderen Träger und sogar gegen genau die Truppen, deren Vormarsch sie schützen soll, und verbreitet so große Unruhe in ihren Reihen.

Um die sinkende Moral ihrer Truppen auszugleichen, greifen die Deutschen in letzter Zeit immer häufiger auf den Einsatz von *Flammenwerfern zurück* .

Die Alliierten wiederum haben einen ähnlichen Apparat übernommen, und die Deutschen hatten mehr als einmal Gelegenheit zu erkennen, dass er sowohl in der Defensive als auch in der Offensive nützlich ist.

Gasgeräte und *Flammenwerfer* sollten möglichst tragbar und handlich sein.

Sie sollten niemals von anderen als speziell ausgebildeten Truppen bedient werden, die umfassend unterwiesen und umfassend ausgebildet sind.

In Frankreich werden Abteilungen von Pionieren oder Bergleuten mit diesen Geräten betraut.

KAPITEL VIII
SCHLUSSFOLGERUNG

WIR haben uns bemüht, ohne auf die technischen Details einzugehen, die von den Offizieren der verschiedenen alliierten Missionen gelehrt werden, einen allgemeinen Überblick über die Bedingungen und Hauptfaktoren der modernen Kriegsführung zu geben, der ausreichen wird, um eine Vorstellung von einer modernen Armee zu vermitteln seine Tätigkeit im Feld.

Wir hoffen, dass unsere Erläuterungen dazu beitragen, zwischen den Zeilen der „Kommuniqués" zu lesen, den Plan und die Bedeutung einzelner Einsätze zu verstehen und schließlich diejenigen, die Verwandte an der Front haben, in die Lage zu versetzen, ihnen auf ihren Dienstposten zu folgen und ihnen zu folgen die Bedeutung der ihnen zugewiesenen Teile vollständig erkennen.

Bevor wir zum Schluss kommen, möchten wir das Privileg genießen, unsere persönliche Meinung zu den Methoden zum Ausdruck zu bringen, die geeignet sind, die Ausbildung der neuen Armeen der Vereinigten Staaten zu beschleunigen.

Alle sind sich über die Notwendigkeit eines schnellen und effektiven Vorgehens einig.

Der Abfall Russlands an der Ostfront und die jüngsten sehr schwerwiegenden Rückschläge der Italiener, die die Deutschen nicht versäumten, umgehend auszunutzen, haben die Bemühungen der alliierten Armeen an der Westfront erschwert.

Der Unterricht der amerikanischen Einheiten kann in Frankreich zunächst in Lagern und dann in ruhigen Sektoren beendet werden, bis das amerikanische Oberkommando der Ansicht ist, dass der Moment gekommen ist, seine Streitkräfte mitten in den Kampf zu stürzen.

Ungeachtet der immensen Ressourcen der Vereinigten Staaten werden die Transportschwierigkeiten zweifellos so groß sein, dass die Militärbehörden gezwungen werden, eine bestimmte Anzahl von Divisionen in den Ausbildungslagern in Amerika zu halten.

Die Ausbildung dieser Truppen sollte unserer Meinung nach so gründlich wie möglich sein.

Die alliierten Länder haben in die Vereinigten Staaten hochrangige Offiziere entsandt, die am Krieg teilgenommen haben und alle seine Schwierigkeiten kennen. Wir würden uns wünschen, dass sie, wenn auch nur auf kurzer Front, mit einer exakten Reproduktion der von Granaten zerrissenen Felder vorgehen, über die die amerikanischen Truppen in Europa manövrieren sollen. Die kleinen Einheiten, die auf diesen vorbereiteten Feldern sukzessive und häufig ausgebildet werden könnten, müssten dadurch weniger Zeit in den Ausbildungslagern in Frankreich verbringen und könnten schneller an die Front geschickt werden.

In den riesigen Territorien der Vereinigten Staaten würde es nicht schwer sein, für diesen Zweck geeignetes Gelände zu finden, und der Plan würde die Möglichkeit bieten, den letzten Divisionen, die an Bord gehen, vollständige Unterweisung in allen Einzelheiten und eine perfekte Kenntnis aller Komponenten zu geben Elemente einer Armee, von denen einer Kompanie bis zu denen einer Division.

Betonen wir die Tatsache, dass in diesem Krieg die Kunst des schnellen Grabens und Verschanzens zu den wichtigsten Dingen gehört, die die Truppen erlernen müssen, da für diese Arbeit keine besonderen Formationen aufgestellt werden können und jeder Soldat eine Schanze tragen muss Werkzeug und muss wissen, wie man es benutzt.

Daher wird es für die Einheiten notwendig sein, das Einrichten von Truppen in großem Maßstab zu üben und schließlich ihre Ausbildung durch Übungen auf zerschossenem Gelände, ähnlich dem an der Front, zu perfektionieren.

Um die Truppen mit der tatsächlichen Art der Zerstörung von Verteidigungsanlagen vertraut zu machen, schlagen wir vor, mit veralteter Artillerie zu üben, die nicht für den Einsatz an der Front geeignet ist. Es ist außerdem von größter Bedeutung, die Männer so schnell wie möglich an den Anblick und das Geräusch von Schüssen zu gewöhnen. Wir würden vorschlagen, dass die letzten Angriffsübungen von Vorhangfeuern begleitet werden, die etwa dreihundert Meter vor den ersten Linien abgefeuert werden, um jegliche Unfallgefahr zu vermeiden.

Wir können hinzufügen, dass die Art des Unterrichts, die wir hier befürworten, sowohl für die Häuptlinge als auch für die Männer von Vorteil wäre. Nur so werden sie sich im Voraus vollständig darüber im Klaren sein, auf welche Schwierigkeiten sie stoßen werden, wenn sie dem einen Faktor gegenüberstehen, den es in keiner Ausbildung zu berücksichtigen gilt: dem Feind. ein Feind, der bis zum Ende geschickt und furchterregend sein wird.

www.ingramcontent.com/pod-product-compliance
Lightning Source LLC
LaVergne TN
LVHW041726190726
843493LV00007B/2226